KB044471

애매한
재능이
무기가 되는
순간

애매한
재능이
무기가 되는
순간

윤상훈 지음

어설픔조차 능력이 되는

시대가

왔

다

와이즈베리
WISEBERRY

"응? 어떻게 애매한 재능이 무기가 될 수 있다는 거야?"

독자들이 이 책을 처음 보면 가장 먼저 드는 생각이 뭘까? 곧장 질문 하나가 떠올랐다. 모두가 가장 알고 싶어 하는 부분이자, 책의 핵심을 명확히 설명할 수 있는 질문이다. 저자로서 이 기본적이고 핵심적인 질문에 먼저 명쾌히 답한 후 시작하고 싶다.

애매한 재능도 무기가 될 수 있다고 하면, 누군가는 당장 위로를 받을 수도 있겠고, 또 다른 누군가는 '말도 안 된다'며 의심부터 할지 모른다. 하지만 분명한 것은 우리 모두가 '애매한 재능'을 고민하며 살아가고 있다는 것이다. 그리고 그 고민의 원천은 '애매해서 쓸모없다고 매번 결론짓고 포기해버리는' 내 마음가짐에 있다.

하지만 탁월하지 않아도 쓸모 있을 수 있다. 애매해도 탁월함을 넘어설 수 있다. 탁월한 것만 쓸모 있다는 편견에 사로잡혀, 아직 애매한 재능의 쓸모를 발견하지 못했을 뿐이다. 시대는 빠르게 변하고 있으며, 사람들의 기준과 가치관도 바뀌었다. 어설픔조차 능력이 되는 시대가 온 것이다. 그렇다면 애매함을 활용해 쓸모를 만들고 때론 탁월함을 넘어선 사례들이 지닌 공통점은 뭘까? 이 질문에 대한 답이 앞서 떠올린 첫 문장의 답이기도 하다.

당신의 애매한 재능을 '사람들이 궁금해할 재능'으로 변화시켜야 한다. 그렇다. 이 책은 평범하고 보잘것없어 보이는 재능, 분야, 관심을 사람들이 반응하고 궁금해하는 상품 또는 콘텐츠로 변화시키는 방법에 대해 설명한다. 아주 쉽게 그리고 강력하게 애매한 재능을 다져가는 과정에 대한 내용이다. 이것이 핵심이다. 중요한 것은 얼마나 탁월한가가 아니다. 얼마나 궁금하게 만들 수 있는가다. 사람들이 쉽게 공감하고 이해할 수 있는 애매함이야말로 호기심을 탄생시키기 위한 가장 좋은 재료다.

이 책은 하고 싶은 일이 있어도 재능이 부족하다는 생각에 단념하고 살아가는 이들에겐 잊고 있던 설렘을, 자신의 재능을 믿고 원하는 일을 하며 살아가지만 불확실한 미래 때문에 밤잠을 설치는 이들에겐 안정감과 확신을, 무얼 좋아하는지 몰라 방황하는 이들에겐 어떻게 원하는 일을 찾고 개발해 나가야 하는지에 대한 명확한 방법을 설명한다. 지금부터 애매한 재능을 무기로 만들 여정을 힘차게 시작해보자.

윤상훈

차례

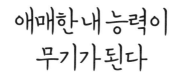

애매한 내 능력이
무기가 된다

Part 1.

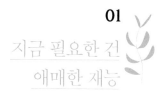

지금 필요한 건
애매한 재능

애매하면 좀 어때

"반에서 몇 등 정도 하니?" 중고등학교 시절, 자신 있게 대답할 수 없는 질문이었다. 저 질문을 느닷없이 받게 되면 공부 실력이 부족하다는 사실을 스스로 증명해야 하는 시간이란 생각이 들었다. 학창 시절 가장 중요한 재능이라 볼 수 있던 공부. 난 그걸 못했다. 그렇다고 "공부는 좀 어중간해도 대신 ○○을 잘해요!"라고 자신 있게 말할 만한 다른 재능도 없었다. 재미있어 시작한 취미나 게임도 한 달을 못 넘겼다. 한때 덕후(오타쿠) 열풍이 불었다. 그 연장선

상에서 좋아하는 일을 업으로 삼고 살아가는 '덕업일치'라는 말도 등장했다. 비웃음의 대상이던 덕질이 함부로 갖지 못하는 재능으로 주목받기 시작한 것이다. 무언가를 열렬히 좋아하는 게 재능이 되는 것을 보면서 특별히 좋아하는 것도 없는 내 자신이 싫었던 적도 있다. 그렇다고 마냥 생각 없이 시간만 보낸 것은 아니다. 특출한 것이 없다는 생각에 더 아등바등 달려왔다. 하지만 결국 시간이 지나도 매번 도돌이표였다.

누군가 재능과 잘하는 것에 대해 물으면 표정은 아무렇지 않은 듯 애쓰지만 자연스레 입은 무거워지고 시선은 떨렸다. 영화 〈라라랜드〉의 여주인공 미아는 이렇게 말했다. "재능은 없고 하려고 하는 열정만 가득한 사람들이 있잖아. 나도 그런 사람 중 하나였나 봐." 그런데 따지고 보면 그런 가득 찬 열정을 갖는다는 것도 탁월한 재능이지 않을까 싶었다. 모든 면에서 나는 '어중간' 그 자체였다. 잘하는 것도, 좋아하는 것도, 노력하는 것도 애매했다. 고장 난 정수기에서 나오는 미적지근한 물처럼 내 일상과 재능은 항상 그러했다. 그리고 이런 고민은 나만 하는 것이 아니란 걸 알게 됐다.

학창 시절 공부를 조금 더 잘했더라도, 조금 더 좋은 대학을 다녔더라도, 모두가 가고 싶어 하는 대기업에 입사해 안정적인 월급을 받더라도 모두들 자신이 가진 '애매함'을 고민했다. 그리고 자신이 가진 자그마한 재능도 그것이 탁월하다고 생각되지 않으면 외면하고 억눌렀다. 그렇게 깊숙이 집어넣은 후, 오래된 사진첩의 사진을 꺼내어 보듯 간혹 들여다볼 뿐이다.

그런데 생각해보면 애매하다고 생각되는 그 재능, 그 분야가 당사자에게는 가장 편하고, 잘하고, 또 부담 없이 즐기며 오래 할 수 있는 일이다. 그럼에도 우리가 애매함을 고민하는 이유는 재능의 수준이 결과의 수준을 결정짓는 절대적인 요소라고 생각하기 때문이다. 과연 정말 그럴까? 아니다. 그건 착각이다. 지금은 재능의 수준, 재능의 탁월함이 결과를 독점하는 시대가 아니다. 애매함이 나의 무기가 되는 이유는 바로 여기서부터 출발한다. 우리가 가진 애매함을 괴로워하지 말자. 애매함으로도 충분하다. 탁월하지 않아도 된다. 이게 정말 맞는 말인지 의구심이 든다면 지금부터 당신이 가지고 있던 관점을 바꿀 앞으로의 이야기에 집중해보자.

'탁월함'보다 '애매함'을 소비하는 우리들

"나도 저런 재능이 있으면 얼마나 좋을까? 하고 싶은 일 하면서 돈도 많이 벌고… 부럽다." 함께 식당에 앉아 밥을 먹던 회사 동기는 엄청난 가창력으로 노래를 부르는 TV 속 가수를 보더니 말을 툭 뱉었다.

유명 스포츠 스타, 탁월한 가창력을 지닌 가수, 어려운 문제도 쉽게 풀어버리는 똑똑한 머리를 지닌 사람처럼 특정 분야에서 탁월한 재능을 발휘하는 어떤 이를 보며 누구나 한 번쯤 이런 생각을 해봤을 것이다. 탁월한 재능은 누구나 꿈꾸는 선망의 대상이다. 그렇다면 반대로 뛰어나진 않지만 부족하다고 보기엔 애매한 그런 재능에 대해선 사람들이 어떻게 생각할까?

옛말에 '재주가 많으면 밥 빌어먹고 산다'라는 말이 있다. 사람들은 어중간한 실력, 재능을 썩 좋게 보지 않는다. 더군다나 애매모호한 재능이나 재주를 여럿 가지고 있다면 사람들의 시선은 더욱 싸늘해진다. 비단 우리나라 사람들만 그런 것이 아니다. 아랍 문화권에는 '재주가 많다는 것은 결국 특별한 재능이 없다는 뜻이다'란 격언이 있고, 스페인에는 '많이 품으려는 사람은 꽉 품을 수 없다', 베트남에는 '아홉 가지 일을 두루 섭렵하는 것보다 한 가지를 제대로하는 편이 낫다'라는 말이 있다. 이처럼 국가와 대륙을 초월해 공통적으로 애매한 재능에 대한 부정적인 시선을 가져온 듯하다. 결론적으로 한 분야의 탁월한 전문가가 되는 것, 또는 되기 위해 노력해나가는 것을 삶의 올바른 과정으로 여겼다. 이와 반대로 여러 분야에 관심을 가지고 애매모호하게 실력을 쌓거나 일정 수준 이상 올라설 수 없는 부족한 재능은 안타까운 것이고 틀린 방향이라 여겼다. 그렇다면 애매한 재능은 정말 슬픈 저주이고 자기만족에 그치는 별 볼 일 없는 것일까?

한 분야의 탁월한 전문가가 되는 것이 자신이 원하는 삶에 다가서는 방법 중 하나인 것은 여전하다. 하지만 개인이 지닌 소소한 재주와 관심, 애매한 재능이 불행의 원인이거나 쓸모 없는 능력인 것은 결코 아니다. 오히려 그 반대다. 애매한 재능은 집중해 가꿔나가야 할 핵심 역량으로 변모했다. 이런 주장을 보고 "무슨 말도 안 되는 소릴 하는 거야?"라며 거부 반응을 일으키는 이들이 있을 것이다. 만약 지금 책을 보고 있는 독자 중에서도 이런 반응을 보인다면 지금부터 나올 이야기를 놓치지 않고 끝까지 들어주길 바란다.

앞선 이야기를 이해하기 위해선 우리가 살고 있는 시대를 정면으로 바라볼 필요가 있다. 거창하게 시대를 언급하니 괜스레 인공지능, 모빌리티 등 앞으로의 미래에 펼쳐질 다양한 기술 용어들이 떠오르지만, 그런 것들은 잠시 뒤로 접어두어도 괜찮다. 그저 현재 우리들이 일상에서 충분히 느낄 수 있는 모습과 현상을 통해 바라봐도 충분하다.

현대인들에게 스마트폰이 없는 일상생활은 상상하기 힘들다. 스마트폰은 단순한 전자 기기를 넘어 삶의 일부가 됐다. 우리는 스마트폰으로 무엇을 하는 데 가장 많은 시간을 쓸까? 얼마 전 '대한민국이 유튜브Youtube에 빠졌다'라는 기사를 봤다. 기사 내용에 따르면 우리나라 국민 10명 중 8명이 유튜브를 이용하고, 이용자들은 한 달에 약 30시간 가까이 유튜브 앱을 통해 동영상을 시청하는 것으로 조사됐다. 국민 소셜 네트워크 서비스Social Network Service로 불리는 카카오톡의 한 달 평균 이용 시간이 12시간, 네이버 이용 시간이 10.2시간, 페이스북이 11.7시간, 인스타그램이 7.5시간이니 유튜브 이용 시간은 가히 절대적인 수준이다. 그만큼 대한민국 국민의 대다수가 유튜브에 가장 많은 시간을 할애하고 있다.

유튜브에는 온 세상 삼라만상森羅萬象이 들었다는 우스갯소리가 나올 정도로 다양한 주제의 콘텐츠들이 펼쳐져 있다. 심지어 잠자는 영상까지 업로드 해 구독자를 모으는 경우도 있으니 말이다. 그렇다면 이런 다양한 콘텐츠를 생산하는 이들은 어떤 사람들일까? 요리사만 요리하는 영상을 만들고 역사 콘텐츠는 역사 선생님과 역사학자만 다룰까? 전혀 아니다. 대부분 평범한 사람들이 그저 자신이 좋아하고 관심 있는 분야를 가지고 적당한 수준에서 콘텐츠를 만들어내고 있다.

평범한 가정주부가 전자 기기에 대한 리뷰로 30만 가까운 구독자를 끌어모으고, 매년 중소기업 매출과 맞먹는 광고 매출을 올리는 세상이다. 그런 평범한 사람들이 대중의 관심을 받고 수익을 발생시킬 수 있는 이유는 전자 기기에 대한 해박한 지식, 그 분야에 대한 탁월한 이해와 재능을 갖고 있기 때문이 아니다. 한 분야의 탁월한 재능을 바탕으로 콘텐츠를 생산하는 것보다 애매하고 어설픈 재주에서 출발해 사람들의 호응을 얻는 게 훨씬 더 많다. 오늘날 유튜브에 올라오는 대다수 콘텐츠들이 그러하다. 그리고 우리 또한 그러한 콘텐츠를 매일 소비하고 있다.

이러한 흐름은 유튜브뿐만 아니라 출판 시장에서도 이어지고 있다. 사실 책이야말로 뛰어난 재능이 필요한 시장으로 여겨졌다. 글쓰기 솜씨가 뛰어나거나 해당 분야의 권위나 명성이 있는 사람들의 전유물이었다. 지금은 그렇지 않다. 직장을 다니면서 글을 쓰는 사람의 책이 베스트셀러가 되는 경우가 심심찮게 일어나고 있다. 그 책을 소비하는 대중들은 단순히 저자의 글쓰기 실력을 보고 책을 구매하는 것이 아니다. 출판 시장뿐만이 아니다. 예술이나 미술 또한 재능의 수준에 큰 영향을 받는 분야다. 하지만 단 한 번도 미술을 배운 적 없는 평범한 사무직 회사원이 언론의 관심을 받으며 국내 유명 갤러리에서 설치 미술 개인전을 열고 해외에서까지 전시회를 펼치기도 한다.

그렇다. 오늘날 재능은 결과값을 결정짓는 '절대적인' 존재에서 '부분적인' 요소로 바뀌었다. 재능의 수준이 결과의 수준을 만드는 시대가 아니다. 별 볼 일 없어 보이던 재주, 예를 들어 밥 잘 먹고 밥 많이 먹는 재주를 가진 사람이 대한민국 일류 대학을 우수한 성적으로 졸업하는 재능을 가진 사람보다 자신이 원하는 삶에 더 가깝게 다가갈 수 있는 시대가 됐다. 현대카드 정태영 부회장은 한 대학의 졸업 축사에서 이런 말을 했다. "사법고시 패스를 하는 것보다 무한도전 멤버가 되는 것이 더욱 대단한 일이 됐습니다." 이 단순해 보이는 말에 모든 것이 함축되어 있다.

여기에 더해 한 가지 더 알아야 할 게 있다. 지금은 무얼 하든 '품'이 덜 드는 시대다. 만약 급하게 당신의 이력서를 스페인어로 번역해야 한다면 어떻게 해야 할까? 간단하다. 모바일 앱 '크몽'을 열고 번역이 필요한 파일과 예상 견적을 업로드 하면 된다. 그리고 맞춤 견적을 보내온 사람 중 포트폴리오나 경력이 마음에 드는 이를 선택해 비용을 지불하고 진행하면 된다. 내가 원하는 분량과 지출 가능한 비용으로 손쉽게 전문가를 찾고 선택할 수 있다.

그리고 이제는 특정 도시나 지역을 직접 가보지 않아도 골목마다 무엇이 있고 어떤 분위기인지 알 수 있다. 비행기를 탄 듯 도시 전체를 하늘 위에서 내려다보며 꼼꼼하게 살필 수 있다. 당신이 마음만 먹으면 제자리에서 '베이징 798 예술 거리' 입구에 어떤 건물과 갤러리가 있는지 볼 수 있고, 독일 베를린 시청 인근에 평점이 높은 음식점이 어딘지 간단히 찾을 수 있다.

이 밖에도 포털사이트 아이디 하나로 온라인 마켓을 운영할 수 있고, 영상을 전공하지 않았어도 유튜버로 활동할 수 있다. 심지어는 배달원을 고용하지 않고도 배달 음식점을 운영할 수 있다. 일상에 자연스레 녹아든 온라인, 모바일 플랫폼의 다양화는 새로운 시도나 도전을 할 때 드는 시간과 노력을 획기적으로 줄여준다. 이러한 디바이스를 소유하고 다룰 수 있다는 것은 엄청난 기회다. 다만 일상에 가려 이러한 혜택을 잘 느끼지 못하고 있을 뿐이다.

앞선 이야기들을 정리해보자. 지금은 밥 잘 먹는 재주(?)가 일류 대학 졸업장을 받고 성취하는 결과를 넘어서기도 하는, 평범한 재능으로 평범치 않은 결과들을 만들어내는 시대다. 동시에 우리는 적은 노력과 비용으로도 자신이 원하는 계획을 실천할 수 있는 환경을 갖춘 세대다. 즉, 자신이 원하는 삶, 목표에 다가갈 수 있는 방법이 우리에게 매우 많다는 것을 알 수 있다. 하지만 여전히 우리는 무언가를 시작할 때 매번 자신의 실력, 재능의 수준만을 고려해 좌절하는 경우가 많다. "에이, 나보다 영어 잘하는 사람이 훨씬 많은데 내가 이런 거 만든다고 누가 보겠어?", "나보다 더한 마니아들도 많은데, 내 수준으로는 안 돼"처럼 말이다.

만약 아직도 이러한 생각이 조금이라도 남아 있다면 얼른 깨부수고, 기회를 거머쥐어야 한다. 지금쯤이면 재능을 얼마만큼 갖췄는지가 아니라 애매함을 어떻게 활용하는지가 핵심이란 사실을 눈치 빠른 사람은 알아챘을 것이다. 그리고 자연스레 "그래서 내가 가진 애매한 재능으로 도대체 무얼 할 수 있다는 거야"라는 의문을 떠올릴 것이다.

해야 하는 일을 통해
하고 싶은 일을 해내는 방법

많은 사람이 하고 싶은 일과 해야 하는 일 사이에서 매번 고민한다. 한 분야의 탁월한 재능이 있지 않은 한, 어떤 것을 선택하든 아쉬움은 남기 마련이다. 자신이 하고 싶은 일을 선택한다면 불안정한 현실과 불확실한 미래 때문에 걱정이 될 것이다. 또 자신이 해야 하는 일을 선택한다면 자신이 원하는 삶과 다른 상황 때문에 고민이 될 것이다. 이러한 딜레마로부터 벗어나게 해주는 강력한 장치가 있다. 바로 당신이 가진 '애매한 재능'이다. 자신이 하고 싶은 일을 하면서도 불안해하지 않고, 자신이 해야 하는 일을 하면서도 진심으로 원하는 일에 대한 설렘을 만들어가는 일상. 애매한 재능을 어떻게 활용하는가에 따라 현실로 만들 수 있다. 단, 애매한 재능을 활용하기에 앞서 갖춰야 할 조건이 있다.

얼마 전 늦은 퇴근 후 집으로 가는 길, 치킨 냄새에 이끌려 발길을 멈췄다. 자연스럽게 치킨집 문을 열고 물었다. "포장 오래 걸려요?" 금방 나온다는 아주머니 말을 듣고 프라이드 치킨 한 마리를 주문했다. 빈 테이블에 앉아 치킨이 나오길 기다리던 중 맞은 편 테이블에 앉은 평범해 보이는 두 남자의 대화가 내 귀에 들려왔다.

"직장 생활 스트레스 받아도 할 만해. 나름 적응도 됐고. 근데 진짜 무서운 건 이렇게 5년, 10년 지나가버리는 거지. 나중에 '내가 성실하게 살았지' 하고 만족하는 게 아니라 '젊을 때 진짜 좋아하는 게 뭔지 찾지도, 해보지도 못하고 그냥 흘러왔구나' 하고 후회할 거 같아."

"야, 그렇다고 당장 회사 그만두고 네가 해보고 싶은 일 찾아서 떠날 순 없잖아. 그거 하면 좋기야 하겠지만 생활비부터 걱정인 거고…."

"그래. 그래서 그냥 회사 다니고 있는 거지… 근데 확실한 건 매일 회사에 묶여서 쉬는 날하고 월급날만 기다리며 사는 건 아닌 거 같아… 에이 몰라, 한잔하자!"

그들의 대화를 들으며 나도 속으로 공감했다. 그리고 생각했다.

'그래, 우리 또래 직장인들에게 회사가 안정적이니 다닐 만하다는 조건이 인생의 전부는 아니야.'

직장인으로 살아가고 있는 우리들에겐 하루하루 '소진된다'는 느낌을 매일매일 '채워간다'는 느낌으로 바꿔줄 일상 속 보람이나 알맹이 같은 것이 필요하다. 하지만 치킨집에서 만난 두 직장인이나 우리들도 같은 생각이었을 것이다.

"그걸 직장 다니면서 찾기 쉽겠어? 회사 다니면서 하기는 더 어렵지."

그렇게 상념에 잠겨 있던 와중에 주인 아주머니가 불쑥 건네는 치킨을 받아 들며 정신을 차렸다. 집에 도착해 대충 옷을 갈아입고 식탁 앞에 앉았다. 치킨을 뜯으며 볼 영상을 찾던 중 화려한 영화 포스터가 눈에 들어왔다. 그러고는 망설임 없이 재생 버튼을 눌렀다. 영상은 서울에서 활동하는 펑크 밴드 이야기를 담은 다큐멘터리 〈노후 대책 없다〉였다.

"펑크는 무지하게 화가 나서 그걸 발산하는 음악이지. 감정이 굉장히 과잉되어 있는 것. 그게 펑크지 뭐."

다큐멘터리 출연자의 말처럼 박자를 느끼기도 힘든 드럼과 베이스 소리, 거기에 맞춰 울부짖는 듯한 고성이 터져나왔다. 노래를 부르는 건지 무슨 말을 하는 건지 모를 정도였다. 밴드 보컬은 공연 때마다 손에 쥔 마이크로 자신의 이마를 찧어 얼굴을 피범벅으로 만드는 퍼포먼스를 벌였다. 굳이 다큐멘터리를 통해 보지 않아도 일반 대중이 바라보는 펑크 음악은 범접하기 힘든 장르다. 워낙 분노에 찬 음악이기에 일반인 입장에서 좋아한다고 밝히는 것 자체가 하나의 도전일지도 모른다. 하지만 영상 속 출연자들은 자신의 재능을 믿고 펑크 밴드를 직업으로 삼고 살아가고 있었다. 그 모습이 신선하고 멋졌다. 그들이 노래를 부르면 많은 팬들이 따라 불렀고 일본에서 초청받아 공연을 열기도 했다. 나름 한국 펑크신에서 명성 있는 밴드 같았다.

그들의 모습을 보면서 펑크 밴드와 평범한 직장인과의 공통점을 발견했다. 그들에게도 피곤한 몸을 일으켜 머리를 긁적이며 출근하는 또 다른 직장이 있었다. 인테리어 시공, 영화 촬영 스태프, 식당 서빙 등 무대 밑으로 내려온 그들도 생계를 위해 움직이는 노동자였다. 좋아하는 일을 업으로 삼는다고 해서 좋아하는 일만 하고 사는 건 아니었다. 그들은 펑크 밴드를 전업으로 하면서 음악에 충분히 몰입할 수 있는 '시간', 원하는 곳에서 노래를 부를 수 있는 '이동의 자유'를 얻었다. 하지만 좋아하는 일을 선택해 몰입하더라도 '생계 비용'을 확보하지 못한다면 또 다른 노동은 불가피했다.

치킨집에서 들었던 직장인의 대화, 다큐멘터리 속 펑크 밴드의 생활 속 단면은 우리에게 중요한 시사점을 던져준다. 행복한 삶을 살기 위해선 가슴 설레는 일을 꼭 찾아야 한다는 것. 그리고 가슴을 설레게 하는 일을 전업으로 하면 온전히 몰입할 수 있는 '시간'과 '이동의 자유'는 확보되지만 '생계 비용'이 불안해진다는 것. 반대로 의무적 직장인이 된다는 것은 '생계 비용'은 확보되지만 자신이 좋아하는 일에 전념할 '시간'과 '이동의 자유'가 제한된다는 것이다. 여기서 참고할 점은 '생계 비용'의 특이점이다. '시간'과 '이동의 자유'를 아무리 많이 확보해도 그것을 통해 어떤 연결 고리를 만들어내지 못하는 이상 '생계 비용'을 바로 만들지 못한다. 반대로 자신의 통장에 50억 원이 갑자기 생긴다면 출근 안 하고 24시간 중 20시간을 노래 만드는 데 써도, 공연한다고 여기저기 바삐 돌아

다녀도 문제 될 게 전혀 없다. 충분한 생계 비용이 있다면 시간, 이동의 자유는 자연스레 확보된다. 그리고 생계 비용은 항상 일정 수준 이상 유지되어야 한다. 그것이 무너지면 나머지 두 개의 축도 완전히 무너진다. 생계 비용이 다른 두 개의 축을 지배하는 것이다. 그런 덕분에 세 가지 축 중 '생계 비용'이 중심축이 된다. 만약 만사 제쳐두고 어떤 일을 하는 것 자체가 엄청나게 좋아서 그것을 포기할 수 없거나 탁월한 재능으로 짧은 시간 안에 성공해 생계 비용을 마련할 자신이 있다면 자신이 좋아하는 일을 찾아 떠나는 것이 옳다. 하지만 그렇지 못하다면 '생계 비용'을 일정 수준으로 안전하게 확보한 후, 가슴 설레는 일에 몰입할 수 있는 '시간'과 '이동의 자유'를 늘려나가는 게 현명한 방법이다. 중심축을 먼저 탄탄하게 잡아야 한다. 그래야 흔들리지 않고 오래갈 수 있다. 여기에 더해 생계 비용을 먼저 탄탄히 마련해야 하는 이유가 또 있다.

직장 생활을 하는 밀레니얼 세대 중 지금 직장이 고용과 노후를 온전하게 보장해줄 것이라 믿는 사람은 많지 않다. 이제는 평생 직장이란 개념이 없다. 부모 세대는 직장에 헌신하면 그 헌신에 대한 보상으로 고용을 보장받았다. 당시 대한민국은 가파르게 성장하는 중이었고 회사 다니며 착실히 번 돈을 저축만 해도 내 집을 살 수 있다는 희망을 품을 수 있던 시대였다. 하지만 지금은 그렇지 않다. 이렇게 바뀐 세상에서 회사에 대한 맹목적인 헌신은 미덕이 아니라 미련함이 됐다. 고용 불안과 더불어 '주 52시간 근무'의 정착으로 퇴근 후 딴짓을 하는 게 똑똑하고 부러움의 대상이 된 요즘이다. 지금의 직장인들은 남은 시간에 어떻게 효율적으로 딴짓을 하고 자기 계발을 할지 고민한다. 그리고 진정으로 자신이 하고자 하는 일을 실행해나갈 때 박수 받는 세상에서 일하고 있다. 사회와 회사는 개인의 고용과 노후를 보장하지 않는 대신 자유 시간을 보장해주려 하고 있다. 우리는 이러한 상황을 적극 활용해야 한다. 안정적인 생계 비용 마련을 위해 직장 생활을 하면서도, 원하는 일에 필요한 시간과 자유를 충분히 늘려나갈 수 있다. 이것이 생계 비용을 우선 구축해야 하는 이유다.

정리하자면 여기서 말하는 '생계 비용 마련'이 하고 싶은 일을 하면서도 불안해하지 않고, 해야 하는 일을 하면서도 하고 싶은 일에 대한 설렘을 만들 수 있는 '애매한 재능' 활용을 위한 첫 단추이자 안전장치다. 이런 관점에서 본다면 여러분에게 매일 출근하는 곳, 매월 받는 월급이 있다면 '하고 싶은 일'을 마음껏 해나갈 충분한 준비가 된 것이다. 누군가는 직장 생활을 하며 베스트셀러 작가가 되고 자신의 음반을 내며 좋아하는 음악을 한다. 공무원 생활을 하면서도 틈틈이 운동을 해 프로격투기 선수가 되어 TV에 나오는 사람도 있다. 그 사람들은 본업을 유지하며 안정된 삶 위에서 자신의 애매한 재능, 재주를 키워 성과를 만들어내고 있다.

이제 당신 차례다. 애매한 재능을 지닌 우리, 진정으로 하고 싶은 일이 있다면 해야 하는 일을 먼저 탄탄하게 만들어놓자. 이를 통해 해야 하는 일을 하면서도 하고 싶은 일에 대한 설렘을 가질 수 있고, 하고 싶은 일을 하면서도 불안해하지 않을 수 있다. 이번 장에서는 견고하게 굳어 있던 애매함에 대한 편견의 벽을 때려 금을 내고 틈을 만들었다. 이를 통해 애매함만으로도 충분히 원하는 성과와 결과에 다가갈 수 있는 힌트를 얻었다. 다음 장에서는 본격적으로 애매한 재능이 정확히 무엇이고, 어떻게 활용해야 하는지 이야기할 것이다.

TALENT

애매한 재능,
발견하고 장착하는 법

Part 2.

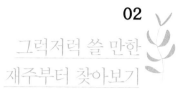
연필 깎는 재주로
책을 내고 돈까지 번 사람

필기할 때 볼펜보다 연필을 선호한다. 자연스레 뻗어나오는 흑연 자국과 특유의 나무 냄새가 좋다. 연필을 잡고 글을 쓸 때 더 좋은 생각과 아이디어들이 솟아날 것 같은 근거 없는 자신감까지 든다. 연필은 무언가를 적을 때뿐만 아니라 닳아버린 끝을 깎을 때도 즐거움을 준다. 누군가는 번거롭다고 생각하겠지만 연필 끝에 온 신경을 집중해 깎고 쳐내는 과정은 휴식처럼 느껴지기도 한다. 이처럼 연필을 애용하다 보니 자주 구매하고 검색하게 된다. 그러던 중 눈에 띄는 한 사람을 발견했다.

그에 대해 이야기하기에 앞서 한 가지 질문을 하겠다. 연필 잘 깎는 걸 써먹을 데가 있을까? 연필심에 엄청난 조각을 하는 것이 아니라 문자 그대로 연필을 잘 깎는 것뿐이다. 대부분의 사람들은 "연필은 고사하고, 볼펜도 잘 안 쓰는 지금 같은 시대에 그거야말로 쓸모없고 애매모호한 재능이네."라고 이야기할지 모른다. 그런데 이 애매한 재능으로 많은 관심을 받는 사람이 있다. 데이비드 리스David Thomas Rees는 연필 깎기 전문가로 불린다. 《연필 깎기의 정석》이란 책을 냈으며 한국에도 번역 출판됐다. 언론에도 여러 차례 소개됐다. 궁금증이 커져 책을 구매해 펼쳐봤다. 연필 깎을 위치 선정, 첫 칼자국 내기, 흑연 다듬기 등 단계별로 연필 깎는 방법에 대해 상세하게 설명되어 있다. 준비물과 몸 푸는 법, 아이들과 함께 연필 깎는 법 등 총 18장으로 구성된 굵은 단행본이었다.

리스는 단순히 연필 잘 깎는 법만 설명하는 사람은 아니다. 직접 깎은 연필을 판매도 한다. 그것도 매우 비싼 가격에. 그가 깎은 연필은 120달러에 거래된다. 우리 돈으로 약 13만 원이다. 연필 한 자루에 13만 원이라니, 입이 쩍 벌어진다. 그걸 누가 살까 싶지만 영화 〈그녀HER〉를 연출한 스파이크 존스, 만화 《샌드맨》의 저자 닐 게이먼 등이 그가 깎은 연필을 사서 쓰며 극찬했다고 한다.

그렇다면 리스는 정말 연필을 천재적으로 잘 깎는 사람일까? 사실 애매하다. 그가 유명한 조각가인 것도 아니다. 본래 직업은 만화가다. 연필 깎는 재능으로만 따진다면 조각 전공자들이 훨씬 더 정교하게 잘 깎을 것이다. 한 분야에 대해 책을 쓰고, 자신만의 물건을 만들어 유명인들에게 판매하는 것은 대단한 전문가들만 하는 줄 알았다. 하지만 이 사례를 통해 평범한 분야에서 독보적이라 보기에도 애매한 실력으로 성공이 가능하다는 걸 확인했다.

그 누구도 대단하다고 생각해본 적 없는 '연필 깎기'라는 애매한 재능으로도 충분하다. 애매함이라는 상태를 어떻게 활용하느냐에 따라 상식을 뒤흔들 만큼 강력한 힘을 만들 수 있다. 중요한 것은 재능의 수준, 재능의 분야가 아니라 애매한 재능을 어떻게 강력한 무기로 발현시키는지 요령을 파악하고 적용하는 것이다. 그 포인트를 알아야 한다.

예술가로 살기 위해
직장인이 된 이유

나는 공고를 졸업하고 지방 사립대 경영학과를 나와 유통 회사에 다니고 있다. 미술을 배우거나 전공한 적은 전혀 없다. 그 대신

두어 달에 한 번씩 미술 전시를 보러 간다. 또 책과 유튜브를 통해 예술 관련 콘텐츠를 즐겨본다. 그리고 "나도 언젠가 작품 전시를 해보고 싶다. 작가로 살고 싶다."라는 막연한 생각을 하는 덕분에 틈날 때마다 노트에 작품 아이디어를 끄적인다. 이러한 배경과 관심 정도만으로 내가 원하는 작가로 사는 게 가능할까? 대부분 어려울 거라 생각한다. 미술이야말로 재능이 절대적으로 영향을 주는 분야라고 생각하기 때문에 더욱 그렇다. 그런데 반대로 생각해볼 수 있다. 만약 애매한 재능으로 미술 분야에서 내가 원하는 결과를 만들 수 있다면 애매함을 무기로 장착한 가장 확실한 사례가 될 것이다.

누구나 한 번쯤 좋아하는 영화를 보다가 또는 여행, 취미 활동을 하다가 "아, 평생 이것만 하면서 살면 좋겠다."라고 생각해본 적 있을 것이다. 그러나 대부분 현실의 벽을 떠올리며 이내 뇌리에서 지워버리고 만다. 나에게도 그런 경험이 있었다. 그것도 아주 세게(?).

꽤 쌀쌀한 가을날 오후였다. 집에 있기 무료해 무얼 할까 고민하던 중, 부산비엔날레 전시회가 떠올라 부산시립미술관으로 향했다. 난생처음 미술관이란 곳을 갔다. 당연히 돈을 주고 미술 작품을 보는 것도 처음이었다. 일상에서 흔히 보던 책들이 널브러진 전시장, 건물 한복판에 넓게 펼쳐진 색색의 바가지들. 그걸 보고 누군가는 "이런 것도 작품이고 전시라니."라는 생각을 떠올릴 법했다. 하지만 장난처럼 느껴질 수도 있는 그 전시는 나에게 엄청난 충격으로 다가왔다.

'와, 이런 것도 작품이 될 수 있구나. 이렇게도 자기 생각을 표현할 수 있구나.'

미술은 특별한 재능을 가진 사람만 할 수 있다고 생각해온 고정 관념이 마치 단단한 야구공에 맞은 유리창처럼 산산이 부서졌다. 재미있어 보였고 나도 미술을 하고 싶었다. 한마디로 첫눈에 반했다. 진짜 해보고 싶은 무언가가 생긴 것이다. 그러나 당시에는 그게 '설치 미술'이란 것도 몰랐다. 그게 대학교 3학년 때의 일이다. 진로에 대해 한창 고민하고 방황할 때였다. 나는 공업계 고등학교를 졸업하고 지방 사립대 경영학과에 진학한 대학생이었다. 작품을 보고 큰 설렘과 충동을 느꼈지만 막상 무엇을 어떻게 해야 할지 전혀 몰랐다. 당연한 일이었다. 미술과는 전혀 관계없는 삶을 살아온 20대 중반의 대학생이 갑자기 미술 작품을 보다가 전업 작가가 되고 싶어 한다니 말이다. 그런데 왠지 내 눈앞에 펼쳐진 그것을 내가 직접 하면 더 행복해질 수 있다는 막연한 확신이 들었다.

그날 이후 설치 미술 관련 책도 찾아보고 혼자서 이리저리 작품을 구상해봤다. 미술을 한 번도 배운 적 없지만 가만히 있어도 흥미로운 아이디어들과 설치 방법들이 마구 샘솟았다. 그렇게 정리한 아이디어들을 주변 사람들에게 이야기하니 흥미롭게 받아들이기도 했다. "나에게도 재능이 있는 건 아닐까?" 하는 착각마저 들었다.

하지만 당장 작가로서 삶을 살기에는 준비해야 할 것도, 짊어져야 할 심리적인 부담감도 상당했다. 대학 졸업과 동시에 돈을 벌어야 했고 안정적으로 돈을 벌어 사랑하는 가족에게 든든한 아들이 되고 싶은 마음도 컸다. 엉뚱한 생각을 하기보단 취업 준비를 하는 것이 현명해 보이는 상황이었다. 내가 설치 미술 작가로서 천부적인 재능이 있다면 모르지만 냉정하게 본다면 내 관심과 실력은 너무나 어설펐다. 결국 지금은 가능하지 않다고 결론을 내렸다. 그럼 그 다음은 어떻게 됐을까.

결론부터 말하자면 나는 설치 미술 작가로 활동해오고 있다. 2017년 11월 서울 통의동에 위치한 팔레드서울 갤러리에서 첫 전시인 〈입사 1년 차 돈키호테〉 설치 미술 개인전을 열었다. 첫 전시부터 많은 관심을 받아 언론 인터뷰도 하고 포털사이트 메인과 뉴스에도 나왔다. 이후에도 매년 작품 활동을 이어왔다. 그리고 2020년 1월에는 대만 타이페이에 위치한 가든시티스페이스오브아트에서 〈입사 4년 차 돈키호테〉 설치 미술 개인전을 2주간 진행했다. 입사 1년 차부터 작품 활동을 하며 국내뿐만 아니라 해외 전시까지 진행한 작가로 지내고 있다.

그토록 간절했던 일을 시작하고 꾸준히 해올 수 있었던 가장 큰 이유가 무엇일까? 어중간한 관심과 재능이라고 여겼던 것들이 사실 알고 보니 탁월한 재능이었던 걸까? 전혀 그렇지 않다. 그럼 무슨 수로 갤러리를 빌리고 언론의 관심을 받고 해외에서까지 전시를 진행할 수 있었던 것일까?

전시를 하는 작가가 되려면 먼저 갖춰야 할 것이 있다. 작품, 관객, 장소, 작가로서의 정체성이다. 사람들은 예술적 재능이 일정 수준 이상으로 뛰어나야만 그런 것들이 갖춰진다고 생각한다. 하지만 그렇지 않다. 자신이 지닌 애매함과 평범함 안에서도 이것을 마련할 관점과 요령만 안다면 현실에 순응해 선택한 직장 생활을 오히려 원동력으로 활용할 수 있다.

"저는 예술가로 살기 위해 직장인이 됐습니다."라고 말을 꺼내면 많은 사람들이 농담인 줄 안다. 미술을 하려는 사람이라면 대학원에 진학하거나 미술과 관련된 일을 찾는 게 일반적이다. 그러니 미술을 하려고 사무직 회사원이 됐다고 하면 농담으로 생각할 수밖에 없다. 하지만 앞서 내 이야기를 읽은 독자라면 내가 왜 이러한 선택을 했는지 충분히 이해할 것이다. "전업 설치 미술 작가가 되어도 생계를 위해 다른 일을 해야 한다면 차라리 생계를 위한 기반을 탄탄하게 만들어놓자. 그리고 그 기반 위에 내가 원하는 꽃을 피우자."라는 생각이었다.

다시 말해, 애매한 재능을 개발해나가기 위한 안전장치를 직장 생활을 통해 마련한 것이다. 그런 이유로 노력 끝에 생계 비용을 탄탄하게 유지시켜줄 좋은 회사에 입사했다. 나는 직장 생활을 하며 월급을 받는다. 크든 작든 일정한 수입이 있기에 퇴근 후에는 고민 없이 작품에 몰두할 수 있다. 무명의 전업 작가라면 작품 제작 비용과 생계 비용이 매번 발목을 잡겠지만 나는 그렇지 않다. 직장을 다니기에 비용에 구애를 받지 않고 내가 표현하고 싶은 것을 자유롭게 표현할 수 있다. 만약 전시하고 싶은 갤러리가 있으면 대관 가능 여부와 비용을 물어보고 마음 편하게 빌릴 수 있는 환경을 갖춘 것이다.

그뿐만이 아니다. 작가로서 활동을 하려면 반드시 예술적 영감이 필요하다. 나의 경우 다양한 영감과 아이디어는 낯선 감정, 낯선 상황과의 조우에서부터 시작된다. 그리고 그런 낯섦을 매일, 지속적으로 느낄 수 있는 곳은 아이러니하게 가장 반복적인 삶의 무대인 회사 사무실이다. 잘 생각해보자. 평범한 우리가 다양한 감정, 인간 군상을 매번 마주 할 수 있는 곳이 직장 말고 또 있을까? 멀리서 보면 매일 비슷한 삶을 사는 것처럼 보이지만 그 안을 들여다보면 여러 사람들이 모여 시시각각 다른 상황, 감정, 생각들을 엮어내고 표출한다. 나는 일을 하면서 종종 그런 생각이 든다.

"아, 이 기분을 한 장의 그림, 또는 한 공간에 표현한다면 이런 모습일 거야."

실제로 첫 전시 때 진행한 열 개의 작품 모두 직장 생활과 출퇴근을 하며 느낌 감정과 영감들로 완성했다. 신입 사원 시절 누구의 눈치도 보지 않고 잠시 쉴 수 있던 좁디좁은 화장실이 천국같이 느껴졌다. 매일 아침 같은 곳, 같은 시선에서 마주치는 옷장 속 옷걸이를 보며 동질감을 느끼기도 했다. 그렇게 직장 생활은 미술을 전공한 적 없는 내게 무수히 많은 감정과 상황을 선물하며 영감을 키워주는 인큐베이터 역할을 했다. 이러한 생각을 나만 한 것은 아니다. 열정적인 미치광이로 불렸던 미국의 시인 찰스 부코스키Charles Bukowski는 자신의 저서에 이런 말을 남겼다.

"내가 아는 시인들은 대부분 한 가지 문제를 안고 있다. 단 한 번도 직장을 다니며 하루 여덟 시간의 노동을 한 적이 없다는 것. 여덟 시간의 노동보다 더 현실과 소통하는 길이 없는데도. (중략) 그들의 글에는 삶도 없고, 알맹이도 없고, 진실도 없다. 무엇보다 아주 따분하다. 유행에는 맞지만." ('종이 먹는 흰개미' 중)

다음으로 중요한 것이 관객이다. 회사만큼 소문이 빠르고 서로에 대해 설왕설래가 많은 곳도 흔치 않다. 매일 오랜 시간 마주하고 지내다 보니 사소한 일도 삽시간에 퍼진다. 그리고 직장 생활을 하면 좋든 싫든 여러 사람과 관계를 맺게 된다. 이것은 작품과 전시를 쉽고 빠르게 홍보할 수 있다는 뜻이다. 무명 작가에게 자신을 찾아와주는 관객 한 명, 한 명은 매우 소중하다. 서툴렀던 나의 첫 전시 때도 작품을 보러 가장 먼저 달려와준 사람들이 입사 동기들과 회사 동료들이었다.

마지막으로 회사는 나에게 직장인 아티스트, 이른바 '직티스트'라는 독특한 아이덴티티를 가질 수 있게 해줬다. 만약 대학원이나 미술 관련 일을 찾아서 도전했다면 꿈도 못 꿨을 것이다. 이렇듯 독특한 아이덴티티가 있었기 때문에 첫 전시부터 언론의 관심을 받을 수 있었고 해외 전시도 성공시킬 수 있었다. 대만에서 외국인 관람객을 앞에 두고 통역사를 통해 내 작품을 소개하고 이야기할 땐 정말 꿈을 꾸고 있다는 느낌을 받았었다. 아무런 예술적 배경이 없던 내가 작가로서 한국을 넘어 외국인들에게까지 작품에 대해 이야기하는 경험은 지금 생각해도 무척 설레게 한다.

이러한 설렘과 벅참을 만들 수 있었던 이유는 명확하다. 나는 부족한 재능을 엄청난 노력으로 끌어올려 탁월한 재능으로 바꿔 성공하지 않았다. 설치 미술에 대한 어설픈 관심, 직장 생활이란 평범한 환경을 활용해 작가로서 필요한 조건을 충족시켰기 때문에 가능했다. 애매함을 극복의 대상으로 보지 않고, 오히려 활용의 대상으로 바라보는 법, 그리고 애매한 재능을 기회로 만드는 법을 알았기 때문이다. 그 활용법만 안다면 누구라도, 어떤 환경에서도 애매함을 무기로 만들 수 있다. 애매한 재능 활용법, 이것이 애매함을 강력한 무기로 만들어낼 열쇠다.

핵심은 '전문화'가 아니라
'최초화'

"입사한 지도 꽤 됐고, 이제 일도 어느 정도 적응이 됐는데 왜 이렇게 허전하냐."

"외로워서 그런 거 아니야?"

"아니, 그보다 다른 사람들은 쉬는 날에도 바쁘게 움직이는 거 같은데 나만 덩그러니 아무것도 안 하는 느낌이라… 뭔가 불안하고 그렇네. 너도 설치 미술 하면서 하고 싶은 거 하면서 살잖아."

"음, 그렇지."

"그래서 나도 남는 시간에 뭔가 의미 있는 걸 해보고 싶은데, 뭘 어떻게 시작해야 할지 모르겠네…."

회사 동기가 심각하게 대화를 걸어왔다. 자초지종을 들어보니 퇴근 후 남는 시간에 무얼 해야 할지 고민 중이라고 한다. 유튜브나 작은 커뮤니티를 운영해보고 싶은데 어떤 주제로 어떻게 시작해야 할지 전혀 감을 잡지 못하고 있었다. 영미권 국가로 여행도 많이 다니고 영어 쓰는 걸 좋아하는 동기의 성향을 알고 있었기에 영어 관련 커뮤니티나 콘텐츠를 만들어보는 건 어떻겠냐고 조언했다. 그러자 동기는 난색을 표했다. 토익 점수가 애매하고 평범한 게 불만이었다.

"요즘 취업준비생들은 토익 점수 900점 넘는 게 흔한 일인데 나처럼 700점대 점수는 진짜 쓸모없지. 난 아무리 노력해도 800점을 못 넘더라. 그런 점수로 무슨 영어 관련 활동을 하겠어? 사람들이 비웃을걸?"

동기의 이야기를 듣다가 눈에 띄는 대목을 발견했다. 토익 점수가 800점까지는 안 오르는데, 처음 토익 시험을 치르고 3개월 만에 700점을 만들었다는 것이었다. 그렇다면 좀 더 현실적으로 생각해 '3개월 만에 토익점수 700점 만들기'를 콘셉트로 잡아 커뮤니티를 운영하거나 글을 써보는 건 어떨지 제안했다. 승진 평가, 공기업 지원, 자격 시험 지원 기준 등을 보면 800~900점까지는 필요 없고 700점만 돼도 통과되는 경우들이 꽤 많다. 오히려 높은 점수를 받는 노하우보다는 빠르게 700점을 만드는 법을 궁금해하는 사람들도 충분히 있을 법했다. 동기는 무릎을 탁 치며 좋다고 고개를 끄덕였다. 요즘은 그와 관련된 커뮤니티와 인터넷 강의를 만들 계획을 잡더니 한창 준비 중이다.

부정적이던 동기가 태도를 바꿀 수 있었던 요소는 무엇일까? 그리고 평범한 재능과 환경을 통해 남다른 결과를 만들어낸 일들에는 어떤 공통점이 있을까? 바로 그 포인트를 알아야 한다. 만약 여러분 앞에 두 명의 대학생이 있다고 가정해보자. 학생 A는 학교를 다니며 지난 1년 동안 식당 한 곳에서 아르바이트를 했다. 반대로 학생 B는 한 달에 한두 개씩 다른 아르바이트를 했다. 그런 덕분에 지난 1년 동안 총 스무 개의 아르바이트를 경험했다. 한 가지 아르바이트를 1년 동안 꾸준히 한 대학생, 1년 동안 스무 개의 아르바이트를 찾고 경험한 대학생. 둘 중 어떤 사람의 지난 1년이 더 궁금한가? 그리고 아르바이트에 대한 조언을 구하거나 궁금증이 있을 때 누구한테 물어볼까? 많은 사람이 학생 B에게 궁금증을 갖고 질문을 할 것이다.

여기서 첫 번째 포인트. 1년에 아르바이트 스무 개 한 사람과 아르바이트 한 개 하는 사람이라는 결과의 차이를 만드는 특별한 재능 같은 것은 없다. 물론 학생 B가 학생 A보다 조금 더 부지런해야 하고 매번 아르바이트를 찾는 번거로움을 감내해야 할 것이다. 하지만 한 달에 한두 개씩 아르바이트를 찾는 과정에 엄청난 노력, 시간, 비용, 재능이 필요한 건 결코 아니다. 오히려 새로운 걸 경험하거나 사람 만나는 걸 좋아하면 한곳에서 계속 일하는 것보다 더욱 쉬운 일일 수도 있다. 남들보다 조금 더 새로운 걸 경험하고 사람 만나는 걸 좋아하는 정도. 딱 그거면 충분하다.

두 번째 포인트. 아르바이트를 1년 동안 스무 개를 구하고 경험하게 된다면 자연스레 아르바이트를 잘 구하는 법, 또는 피해야 할 고용주 유형, 학업과 병행하기 좋은 아르바이트 찾는 법처럼 아르바이트에 대한 자신만의 노하우가 쌓인다. 남다른 노하우가 있으면 지식의 '최초 생산자'가 될 수 있다. 예를 들어 '1년 동안 아르바이트 스무 개 하면서 알아낸 피해야 할 고용주 유형' 같은 콘텐츠를 생산할 수 있다. 글로 쓰든 동영상으로 찍어 올리든 카드 뉴스 형식으로 SNS에 게재하든 방법은 무궁무진하다. 또 조금 더 발전시켜 악덕 고용주를 피해 좋은 아르바이트를 찾아주는 작은 프로젝트나 비즈니스, 커뮤니티를 운영할 수도 있다.

그런 정보들은 노동 분야 박사 학위, 노무사 자격증을 가진 사람들이 제공하는 내용과는 전혀 다를 것이다. 직접 아르바이트를 하면서 쌓은 경험을 기반으로 만든 그 사람만의 콘텐츠다. 만약 아르바이트를 구하고 있는 사람이라면 또는 악덕 고용주 때문에 고생한 적 있는 사람이라면 자연스레 관심을 가질 만한 글, 영상, 커뮤니티가 될 것이다. 또 노무사를 찾아가기에는 망설여지는 어중간한 상황이라면 오히려 학생 B가 더욱 필요할 수 있다. 남들보다 아르바이트 더 해본 게 특별한 것은 아닐 수도 있다. 하지만 자신의 경험과 재능을 한층 살리는 순간 아르바이트라는 평범한 주제, 관심, 경험을 가지고도 매력적인 프로젝트나 콘텐츠를 충분히 생산해낼 수 있다.

핵심은 전문화가 아니라 최초화다. 데이비드 리스 이전에 '연필 깎기 장인'이란 분야는 없었다. 그가 곧 연필 깎기와 관련된 최초의 체계화된 지식 생산자다. 내가 직장인 아티스트라는 타이틀을 가지고 활동하기 전까지 사무직 직장인이 설치 미술 작가로 활동하는 전례는 없었다. 영어로 고민하던 동기도 비슷하다. '토익 점수 높게 받는 법'이 아니라 '3개월 만에 토익 700점 빠르게 만들기'는 내 동기만이 만들 수 있고 그가 최초로 생산해낼 수 있는 지식이다. 토익 고득점을 얻기 위한 노하우는 세상에 너무나 많다. 하지만 3개월이란 짧은 시간 안에 토익 700점을 빠르게 만드는 방법에 대한 요령은 거의 없다. 그것으로 그 동기가 10개의 영어 강의를 만든다면 이 주제의 최초 지식 생산자가 되는 것이다.

한편 최초 지식 생산자가 된다는 것은 곧 그 단어에 대한 독점적 지위를 가진다는 것을 의미한다. 단어를 독점하는 방법은 두 가지다. 엄청난 재능과 전문성으로 1등이 되는 방법, 그리고 지식 또는 제공하는 콘텐츠의 최초화된 콘셉트로 차지하는 방법. 결국 애매한 재능으로 기대되는 내일을 만들려고 하는 우리들은 앞선 사례들처럼 최초 지식 생산자가 되는 방향을 추구해야 한다. 한 단어를 지배할 수 있는 나만의 최초 지식은 무엇이 있을지 고민해야 한다. 이게 핵심이다. 그리고 그것을 만들기 위한 재료를 찾고 개발하는 과정이 '애매한 재능 활용법'이다.

지금까지 대부분 '전문화'에만 매달렸다. 더 높은 점수, 더 좋은 학위, 더 좋은 자격, 더 깊은 관심, 더 뛰어난 실력에만 집중했다. 그러다 만약 실패하면 포기하고 단념하고 살았다. 하지만 전문화를 넘어서는 게 최초화다. 더구나 너무 전문적인 영역을 이야기하면 대중은 외면하기 마련이다. 스마트폰 앱을 설치하는 것만 알면 되지, 스마트폰이 어떤 시스템과 원리에 의해서 작동되는 것까지 알고 싶어 하지 않는다. 지금은 얼마나 전문적인지보다 얼마나 쉽고 대중적이며 독특하고 반드시 필요한 콘텐츠인지가 중요한 시대다.

PD 출신으로, 이제는 대한민국 대표 유튜버로 자리잡은 신사임당이라는 인물이 대표적인 사례다. 그의 전문 영역은 방송제작이다. 하지만 그가 대중의 사랑을 받게 된 계기는 '스마트스토어'다. 그는 스마트스토어를 누구나 쉽게 시작하고 운영할 수 있도록 사람들에게 동기 부여를 하고 설명했다. 자신의 전문 분야도 아니지만 그 주제의 콘텐츠로 사랑을 받기 시작했다. 전문화가 수백 명의 사람이 동일한 출발선에서 동일한 도착점으로 향하는 마라톤이라면, 최초화는 서로 다른 결승선으로 뛰는 경주인 셈이다. 최초 생산자가 되는 순간, 탁월한 재능을 넘어설 무기가 생기는 것이다.

앞의 예시 이외에도 1년 동안의 필라스테스 경력, 일본 드라마를 보며 익힌 일본어 실력, 일주일에 세 번 이상 라면을 끓여 먹는 식성, 심지어는 6개월 헬스 회원권 등록하고 20일만 이용한 경험까지도 활용할 수 있다. 예를 들어 일본 드라마를 보고 익힌 일본어로 무얼 할 수 있을까? 드라마와 애니메이션으로 언어를 익혔다면 단순히 문법적인 완벽성을 떠나 일본인들이 실제 사용하는 언어의 특성과 문화적 배경까지 충분히 녹아든 말들을 잘 알 것이다.

내 경우에도 일본 여행을 갔을 때 일본 드라마를 좋아하는 친구가 이야기해준 팁들이 큰 도움이 됐다. '감사합니다'는 일본어로 '아리가또 고자이마스 ありがとうございます'다. 그런데 게스트 하우스나 또래 젊은 사람을 만났을 때 '아자스 アザス'라고 하면 훨씬 쉽게 친해질 수 있다고 했다. 친구에게 배운 신조어를 일본인에게 실제로 사용하니 놀라워하고 그 덕분에 훨씬 더 쉽게 가까워질 수 있었다. 우리도 외국인 관광객이 '맛있어요'라고 표현하는 것보다 요즘 유행하는 표현으로 '존맛탱'이라고 말하면 훨씬 더 친근하고 가깝게 느낄 것이다. 이처럼 짧은 여행을 위한 회화용 문장이나 일본인 친구를 사귀기에 좋은 일본어 신조어 필수 문장을 주제로 문서를 만들어 판매하거나 작은 모임을 만드는 것으로도 최초 지식화가 가능하다.

또 다른 예로, 라면을 즐겨 먹는 식성으로 어떻게 최초 지식을 구성할 수 있는지 의아하게 생각할 수 있다. 똑같은 라면을 매번 다른 육수로 끓여 먹어 보고 차이점과 더 나은 레시피를 이야기하는 것만으로도 지식의 최초화가 가능하다. 또는 각각의 라면 브랜드별로 가장 어울리는 밑반찬이나 김치 종류를 찾고 추천하는 것도 방법이다. 그리고 6개월 헬스 회원권을 등록하고 20일만 다닌 걸로 뭘 할 수 있냐고 되물을 수 있다. 이것도 충분히 가능하다. 생각해보자. 6개월 동안 등록해놓고 20일 갔다면 그 20일은 정말 특별한 날이다. 지독스럽게 운동을 안 가던 와중에 틈틈이 간 날은 분명 어떤 이유나 공통점 같은 것이 있을 것이다. 그런 것들을 찾고 활용해 최초화된 지식을 만들 수 있다. 이처럼 전문화가 아니라 최초화에 초점을 두게 되면 평범한 재능 안에서도 색다르게 생산할 수 있는 콘텐츠는 엄청나게 늘어난다. 이렇듯 독자가 가진 평범한 경험, 보통의 기술과 지식, 어설픈 취미, 관심으로 수십 가지의 최초 지식을 만들 수 있다.

애매한 재능은 단순히 수준을 나눌 수 있는 기술이나 자격, 지식만을 뜻하는 게 아니다. 평범한 경험, 관계, 활용할 수 있는 주변 환경까지도 이 범주에 포함된다는 것을 기억해야 한다. 정리하자면 애매한 재능은 별 볼 일 없어 보이는 기술, 지식, 관심, 환경, 성향 안에서 사람들이 궁금해하고 필요로 하는 최초 지식을 찾고 개발할 수 있는 원석이다. 그럼 이제 본격적으로 당신이 지닌 평범하고 애매한 재능이 무엇인지 찾을 차례다.

그래서 애매한 재능이란 게 정확히 뭐야?

지금쯤이면 대략적으로 애매한 재능이 무엇이고 어떤 방향으로 초점이 맞춰져 있는지 어렴풋이 감을 잡았을 것이다. 그런데 자신이 가진 애매한 재능을 발굴하기 위해선 이보다 더욱 명확한 정의와 기준이 필요하다. 아무리 초콜릿이 맛있어도 한식요리의 식재료로 쓰기엔 부적합한 것처럼 자신이 활용할 수 있는 애매한 재능을 구분하기 위해선 명확한 기준을 알고 시작해야 한다.

애매한 재능은 총 세 가지의 기준점이 있다. 이 기준에 두 가지 이상이 겹치면 애매한 재능이다. 첫 번째 기준은 자랑하거나 내세우기는 애매하지만 누군가가 물어봤을 때 조금 더 잘 알려줄 수 있는 것이다. 자주 이사를 다닌 덕분에 알게 된 좋은 원룸 찾는 법, 오랜 자취 생활 덕분에 알게 된 3천 원으로 근사하게 한 끼 밥을 차려 먹는 법, 남들보다 프리미어 리그 또는 NBA에 대해 조금 더 잘알고 있는 것 등이다. 두 번째는 꾸준하진 않아도 흥미를 느끼며 즐긴 경험이다. 분위기 좋은 카페를 찾아다닌 경험, 어릴 때 배운 기타를 활용해 심심할 때마다 연주한 경험, 틈날 때마다 서점에 가서 신간 서적을 둘러본 경험, 아이패드로 드로잉을 한 경험 등이 있다. 세 번째는 좋아하고 잘하는 것을 떠나 누구보다 먼저 경험한 사건

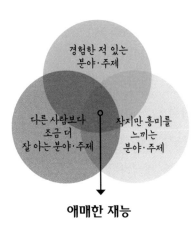

경험한 적 있는
분야·주제

다른 사람보다
조금 더
잘 아는 분야·주제

작지만 흥미를
느끼는
분야·주제

애매한 재능

과 상황이다. 6개월 헬스 끊어 놓고 20일만 갔던 경험. 지갑을 세
번 잃어버려 세 번 다 찾은 경험 등이다. 이러한 세 가지 기준을 구
조화하면 위의 그림과 같다.

만약 자신의 경험이 두 개 이상 기준점에서 겹친다면 그게 바로
애매한 재능이다. "아, 내가 그림에 애매한 재능을 가지고 있나?",
"이 정도는 재능이 아닌 거 같은데?", "이런 경력으로는 안 될 것
같은데?" 하고 고민할 필요 없다. 그냥 저 기준에 두 개 이상 겹치
면 그게 애매한 재능이다.

예를 들어 미드(미국 드라마)를 처음 보려고 하는 친구가 어떤 것
부터 봐야 할지 물어보면 알려줄 수 있는가? 그리고 꾸준하진 않아
도 신작 미드가 나오면 챙겨 보거나 주말에 한 번씩 보는 걸 좋아

하는가? 그럼 애매한 재능이다. 편의점에서 아르바이트하면서 편의점 즉석 식품을 즐겨 먹었다면? 그것도 애매한 재능이다. 누군가 편의점 즉석 식품의 베스트 조합을 고르라고 할 때 말해줄 수 있다면 말이다. 또는 몸이 약해 매년 이 병원 저 병원을 자주 가는가? 그리고 병원을 자주 다닌 탓에 자신만 알고 있는 피해야 할 병원을 고르는 법, 또는 진료가 빠른 병원 선택하는 요령을 알고 있다면 그것도 애매한 재능이 된다. 일단 머릿속에서 "이것도 재능이야?"라는 의구심이 든다면 맞다. 그것도 재능이다. 당신이 경험한 적 있고, 조금 더 잘 알고 있으며, 누군가 물으면 답할 수 있는 각각의 기술, 정보, 경험, 환경이 바로 애매한 재능이다.

지금 시대에 연필 깎는 기술로도 책을 쓰고 밥벌이가 되는데 무엇이라고 불가능하겠는가? 중요한 것은 '나'다. 줄곧 말해왔듯 남들보다 더 잘하는지 못하는지가 기준이 아니다. 재능의 수준을 생각하지 말자. 우리는 남들보다 더 잘하는 걸 찾는 게 아니다. 내가 편하게 느끼고 조금 더 잘 알고 조금 더 좋아하고 궁금해하는 걸 찾아 매력적인 콘텐츠로 바꾸는 것이다. 마음 편히 생각하자. 친구가 물어보면 간단히 알려줄 수 있는 정도, 꾸준히 하지 않더라도 가끔씩 기분 좋게 즐기는 그것이 애매한 재능이다.

• 애매한 재능 기준 •

1. 다른 사람보다 조금 더 잘 아는 것

자랑하기엔 부족한데 그 분야에 대해 모르는 사람이 물어보면 알려줄 수 있는 정보

(예: 미국 드라마, NBA 농구, 명품 브랜드 상품 라인업 등)

2. 자지만 흥미를 느끼는 것

꾸준하진 않아도 막상 시작하면 흥미를 느끼는 관심 분야 또는 취향

(예: 백화점 구경, 독립영화 보기, 명품 제품 리뷰 보기, 아이패드 드로잉 등)

3. 좋아하거나 잘하는 걸 떠나 먼저 경험한 적 있는 것

그 경험과 관련해 물어보면 답해줄 수 있는 것

(예: 싫어하는 직무를 3년 동안 견딘 경험, 몸이 자주 아파서 한 달에 한 번 이상 꼭 병원에 간 경험, 지갑을 세 번 잃어버리고 세 번 다 찾은 경험 등)

그럼 지금부터는 자신이 가진 애매한 재능을 발견하는 방법을 한층 더 깊이 알아보자.

애매한 재능을 찾아낼 수 있는 장치

애매한 재능의 기준을 생각하면서 자연스레 떠오르는 키워드나 주제들이 있을 것이다. 그것은 그것대로 정리해놓자. 지하수도 깊

이 파고 들어갈수록 맑은 물이 나오듯 애매한 재능도 그렇다. 더 깊이 파헤쳐보자.

예를 들어 주말 오후 배가 출출해 주방에 들어섰다고 생각해보자. 가장 먼저 해야 할 게 뭘까? 선반을 뒤져 조리도구를 꺼내고 냉장고를 뒤적여 요리할 재료들로 무엇이 있는지 찾는 것이다. 애매한 재능을 개발하기 위한 첫 과정도 동일하다. 요리를 만들려면 주방에 들어와 식재료를 찾아야 하듯 애매한 재능을 개발하기 위해선 자신이 가진 애매한 재능이 무엇인지부터 발견해야 한다.

1980년대 초반부터 2000년대 초반까지 출생한 세대를 일컫는 밀레니얼 세대가 이제는 소비와 경제의 주축으로 자리 잡고 있다. 나 또한 이 세대다. 이들의 특징은 디지털 네이티브라는 수식어가 대변해주듯 IT기기를 자유자재로 다룬다는 점이다. 그만큼 디지털 정보를 찾고 이해하는 데 큰 어려움이 없다는 뜻이다. 대학 진학률도 매우 높다. 얼마 전 이러한 정보력과 이해력(?)을 가진 밀레니얼 세대 친구 네 명이 모여 대화를 나눴다.

"야, 뭐 먹을래?"

"뭐 아무거나 먹자. 주변에 맛집 검색해보니까 대여섯 군데 나오는데, 그중에서 골라서 가자"

"어떤 거 있냐?"

"양꼬치, 회, 막창, 닭볶음탕, 족발. 이 정도가 후기도 많고 걸어갈 만한 위치네. 어떤 거 먹을래?"

"음, 난 뭐 다 괜찮은데?"

"평점은 어디가 제일 높냐?"

"평점은 양꼬치집이 제일 높네. 거기 가자."

"근데 사람이 네 명이잖아. 블로그에 올라온 후기 사진 보니까 가게가 비좁아 보이는데, 좀 넓은 곳으로 가자."

"음, 그럼. 횟집이 좋겠네. 여기 자리도 넓고 깨끗해 보여."

"근데 방금 말한 막창집 엄청 유명한 곳이라던데. 거기 리뷰 영상 50만 뷰 넘었어."

"어, 맞아. 나도 유튜브 올라온 거 봤어. 거기도 괜찮을 듯."

"전화라도 해봐. 기다려야 할 거 같은데."

"앞에 여덟 팀 대기 중이래. 최소 1시간은 기다려야 한다네?"

"기다릴까? 아님 다른 데 갈까?"

"그냥 무난하게 제일 가까운 족발집 가는 건 어때?"

"에이, 그래도 오랜만에 모였는데 맛있는 거 먹어야지."

그렇게 30대 남자 네 명이 카페에 앉아 저녁 식사로 무엇을 먹을지 실랑이를 벌였다. 음식점 한 곳을 정하기 위해 여러 정보(?)를 취합했다. 그리고 결국 가장 신뢰할 수 있는 방법을 택했다. 사다리 타기로 정한 닭볶음탕을 먹었다. 이런 상황이 벌어지는 이유는 단순하다. 음식점에 대한 정보가 없기 때문이 아니라 지금 맛있는 걸 먹고 싶은 건지, 편한 공간에서 먹고 싶은 건지, 유명한 곳에 가서 먹어보고 인증샷을 남기고 싶은 건지, 다시 말해 무엇을 원하는지 명확하지 않고 서로 합의가 안 됐기 때문이다. 우스운 이야기지만 이러한 상황은 누구나 일상에서 자주 겪는 일이다. 비단 밥 먹을 때, 여럿이 모여 있을 때가 아니어도 혼자 어떤 선택을 하거나 중요한 진로를 고민할 때도 비슷한 상황이 벌어진다.

우리는 정보가 넘쳐나는 시대를 살고 있다. 이런 말조차 식상하게 느껴질 정도로 정보 과잉 현상을 쉽게 체감할 수 있다. 혹자는 농담 반 진담 반으로 1970년 최초로 달에 착륙한 아폴로 13호 우주선보다 지금 우리 손에 들려 있는 모바일폰이 더욱 정확하고 다양한 정보를 다룰 수 있다고 말한다. 받아들이는 정보가 많아졌다기보다는 무한에 가까워졌다는 표현이 더 잘 어울린다. 하지만 정보가 무한에 가까워지면서 우리는 환호하고 즐거워하기보다 오히려 당황하기 시작했다.

무언가를 쉽게 선택하지 못하고 사소한 결정 앞에서도 망설이는 풍경을 실제로 자주 목격하게 된다. 그 모습이 '죽느냐 사느냐 그것이 문제로다' 라는 대사로 유명한 셰익스피어의 작품 〈햄릿〉의 주인공과 닮아 있어 선택 장애, 결정 장애라 불리는 햄릿증후군Hamlet Syndrome이란 신조어까지 등장했다.

이럴 때일수록 내가 무엇을 원하는지, 무엇을 가졌는지 알고 구분할 수 있는 기준이 더욱 필요하다. 그리고 그러한 기준은 대부분 개인의 욕구에서 비롯한다. 잠이 오면 자연스레 침대라는 목적지가 떠오른다. 배가 아프면 화장실 또는 약국, 병원 같은 목적지가 생각난다. 만약 지금 잠이 오는지, 배가 아픈지, 배가 부른지 모르는 상황이라면, 아무리 좋은 정보가 넘쳐나도 어떤 것도 할 수 없게 된다. 결국 자신이 가진 욕구를 명확하게 인지해야 수많은 정보와 선택지 앞에서도 당황하지 않을 수 있다. 독일의 저널리스트 올리버 예게스는 《결정장애 세대》라는 책에서 다음과 같이 말했다.

"우리 세대에게는 무엇이든 허락되고 그래서 무엇이든 할 수 있다. 선택의 범위도 그만큼 넓어진다. 그러다 보니 오히려 '뭐든 좋으니 어떤 기준이 있었으면 좋겠다'는 마음도 들기 마련이다." 이 말을 다르게 이야기한다면 '뭐든 좋으니 내가 어떤 욕구를 지녀야 하는지 알려줬으면 좋겠다'고 말하는 것과 마찬가지다. 가장 수준 높은 교육을 받은 세대, 그 세대가 자신이 가져야 할 욕구, 자신이 가진 욕구를 남에게 알려달라고 하는 아이러니한 상황이다.

그렇다면 우리가 이러한 상황에 놓인 이유는 뭘까? 성인이 되어서도 진로를 고민하고 방황하는 사람들이 한국에는 왜 이렇게 많을까? 한국 사회에서 교육은 성역으로 통한다. 교육과 배움이란 카테고리는 모든 것을 용인하게 만드는 신비한 힘을 지니고 있다. 급격한 경제 개발과 정책 속에서 사람이 자원이란 인식 아래 배움을 갈구하고 동경했다. 시대는 '빨리 빨리'를 외쳤고 말 그대로 한강의 기적을 이루었다. 그리고 우리는 배고픔이란 굴레를 떨쳐낼 수 있었다. 하지만 그 '빨리 빨리'는 교육 속에서도 배어 들어갔다. 누가 더 많은 것을 빨리 외우는가, 더 빨리 적는가, 더 적게 틀리는가로 학생도 학교도 수직 서열화되어 버렸다.

그 자체는 나쁘거나 틀린 것이 결코 아니다. 당대 상황과 분위기, 조건을 따졌을 때 최선의 방법은 아닐지라도 분명한 차선이었음은 기적과 같은 한국 경제와 사회의 성장을 통해 여실히 증명된다. 다만 그 차선의 부작용을 무시해선 안 된다. 모든 것은 '빨리 빨리'라는 기준으로 평가되고, 만약 내게 들어온 정보에 수긍하지 않고, 저항하거나 고뇌하는 순간 뒤처져버린다. 그런 시스템 속에서 정보를 빠르게 받아들이는 자가 승자가 되기에 내 가치 기준은 내가 아닌 사회 가치 기준과 동일시되어버린 것이다.

우리의 지난 교육 방식 속에서 자신의 주체적이고 지극히 개인적인 기준과 논리는 큰 힘을 발휘하지 못하기에 자신의 생각을 가지지 않는 행위와 결과가 당연한 원리처럼 흘러가버렸다. 그것이 앞서 가기 위해 훨씬 유리하기 때문이다. 결국 이는 '다름'을 '틀림'으로 인식하게 만들었고 '다름'에 대한 두려움을 낳았다. 사회 가치 기준과 자신을 동일화함으로써 답습에 젖어버리고, 멈추어 사색하는 시간을 불안해하기 시작했다. 스스로 생각해 무얼 좋아하고 싫어하는지, 그것을 토대로 무엇이 중요하고 덜 중요한지 판단하는 데 익숙해지지 못했다. 그래서 탄탄한 관념의 목조를 지어 외부의 주입, 질문 속에서 자신을 잃지 않고 유지할 태도를 형성하는 데 어려움을 느낀다.

인간 행동을 연구하는 행동 과학의 시각에서 행동의 가장 큰 원인은 욕구다. 하지만 "중고등학교 시절엔 '좋은 대학'에 대한 욕구만 가져야 해." 혹은 "이 시절에 예술을 하려는 욕구는 어긋나는 거야, 그림 그리고 살면 밥 못 먹고 살아."라는 말에서 느낄 수 있듯, 개인의 세밀한 욕구마저 눈치를 보며 가졌기 때문에 성인이 된 지금, 자신의 욕구 파악에 더 많은 어려움을 겪고 있다.

결론적으로 우리에게 내재된 욕구가 없어서 헤매는 것이 아니다. 그 욕구를 마주할 명확한 장치를 마련하지 못한 것이다. 이제라도 욕구를 찾을 장치를 마련해야 한다. 그렇다면 그 장치는 무엇일까? 어떻게 마련해야 할까?

세계적인 기업들이 어떻게 대중의 욕구를 관찰하고 예측하는지 살펴보면 힌트를 얻을 수 있다. 가장 합리적이고 똑똑한 사람들이 모여 의사 결정을 하고 행동하는 집단, 그중에서도 최상위에 속하는 기업들이 우리의 욕구를 어떻게 파악하고 있는지 살펴보면 답은 나온다.

나 자신보다는
데이터를 믿어야 한다

누군가 자신에게 "일주일 뒤에 마트에서 뭐 사실 거예요?"라고 질문한다면 뭐라고 답할지 떠올려보라. 이 질문에 자연스레 구매할 목록을 줄줄이 읊는 사람은 많지 않을 것이다. 대부분은 당황해하며 "일주일 뒤에 살 걸 지금 어떻게 알겠어요. 그때 가서 부족한 게 있으면 챙겨서 사겠죠?"라고 답할 것이다. 나 또한 그렇다. 지금 당장도 아니고 일주일 이후에 내가 뭘 살지 어떻게 정확히 알겠는가. 그때 가서 샴푸가 떨어질지, 즐겨 먹는 군것질거리가 떨어질지 아무도 모른다. 그런데 자주 가는 마트에서 당신이 일주일 후에 무얼 살지 미리 알고 있다면 어떨까? 신기할 노릇이다. 그런데 그런 일이 실제로 벌어지고 있다.

도대체 어떻게 안다는 것일까? 고객 한 사람, 한 사람에게 물어보는 것일까? 아니다. 이제는 사람들의 모든 행위가 데이터화된다. 보는 것, 먹는 것, 사는 것, 심지어 어떤 경로로 다니는 것까지 파악되고 기록된다. 데이터를 확보하면 앞으로 벌어질 일에 대한 정확한 예측까지도 가능해진다. 다양한 분야의 데이터를 수집하고 관리하는 것이 중요해질 수밖에 없는 환경이 펼쳐지고 있다. 또한 사람들의 사소한 행동과 일상까지 모두 데이터화되는 덕분에 데이터가 엄청나게 커지고 있다. 빅데이터, 즉 기존 데이터보다 훨씬 크고 방대한 데이터와 데이터 관리에 대한 관심이 집중되는 이유다. 과학 전문지 〈네이처〉는 빅데이터를 향후 10년 안에 세상을 바꿀 가장 중요한 기술이라 말했고, 미국의 시장조사기관 가트너는 21세기 경쟁력을 좌우할 21세기 원유라고 표현했다.

다시 마트 이야기로 돌아가보면 마트는 고객의 행동 데이터를 축적하고 분석해 각각의 고객들이 어떤 욕구를 지니고 있는지 파악하고 그걸 통해 무엇을 살지 예상한다. 전 세계 1위 전자상거래 업체 아마존amazon은 2014년부터 이를 기반으로 한 예측 배송 서비스를 제공하고 있다. 예를 들어 고객이 결제 버튼을 누르기 전에 제품 배송은 이미 시작된다. 구매 예상 제품들을 포장해 고객 배송지와 가까운 물류 센터로 옮겨 놓는 것이다. 이러한 사전 준비를 위해 기존 주문 검색 내역, 관심 물품, 결제 내역은 물론 마우스 커서가 어떤 제품에 오래 머물렀는지까지 데이터화해 활용한다. 빅데이터를 활용해 고객의 수요, 행동을 미리 예측해 대응하는 것은 아마존 뿐만 아니다.

지난 10년간 주가가 가장 많이 오른 기업이 어디일까? "우리의 경쟁자는 수면 시간뿐이다."라는 당돌한 말을 허황된 수사로 만들지 않는 기업. 바로 넷플릭스다. 대한민국 사람들에게도 필수 플랫폼으로 자리잡은 넷플릭스는 시가총액 260조 원(2021년 4월 기준)

이 넘는 OTT Over The Top 스트리밍 업체다. 어떤 이들은 넷플릭스가 혜성처럼 등장한 신생 업체인 줄 알지만 사실 1997년 DVD 대여 사업으로 출발한 기업이다. DVD 대여 업체가 세계적인 미디어 플랫폼 회사로 성장하는 데 매우 큰 역할을 한 것도 빅데이터다.

넷플릭스를 이용할 때 사람들은 자신이 보고 싶은 콘텐츠를 본다고 생각한다. 하지만 넷플릭스 알고리듬이 골라주는 콘텐츠를 본다는 표현이 더 정확하다. 대부분 이용자는 수천 개가 넘는 콘텐츠를 일일이 다 찾아 고르지 않는다. 넷플릭스가 추천하는 목록 중에서 선택해 보는 경우가 훨씬 많다. 넷플릭스의 개발자들은 사람들이 너무 많은 선택지를 주면 좋아하지 않는다는 것을 알고 있었던 것이다. 그런 배경지식이 있기에 빅데이터에 기반한 영화 매칭 소프트웨어인 씨네-매치를 개발할 수 있었다.

과연 어떻게 수많은 영화들을 선별해서 추천하는 것일까? 먼저 넷플릭스는 취향이 비슷한 사람들이 어떤 영화를 보는지 분석한다. 콘텐츠를 볼 때 반복적으로 돌려보거나 건너뛰는 구간들도 파악한다. 이를 데이터로 만들어 비슷한 취향을 가진 사람들에게 영화를 추천하고, 개개인이 좋아할 만한 부분을 썸네일로 만들어 노출시키는 것이다. 또한 시리즈가 있는 콘텐츠의 전편을 한 번에 공개하는 운영 방법으로 성장했다.

가장 중요한 것은 과거의 행위다. 즉, 데이터가 이용자들의 욕구를 파악하는 열쇠다. 물론 넷플릭스가 항상 승승장구한 것은 아니다. 큰 위기도 있었다. 하지만 그 위기도 데이터를 활용해 돌파했다. 미디어 플랫폼을 운영하는 회사 입장에서 가장 중요한 것은 고객 유입을 증가시키고 이탈을 막기 위한 인기 콘텐츠를 수급하는 것이다. 인기 콘텐츠를 가진 제작사 입장이라면 협상 테이블에서 유리할 수밖에 없다. 하지만 넷플릭스의 급격한 성장세도 무시할 수 없었다. 자연스레 제작사와 넷플릭스 사이에 더 높은 수익 배분 조건을 차지하기 위한 견제가 불가피했다.

그런데 2011년 적자 위기에 처해 있던 넷플릭스가 중요한 결정을 내린다. 직접 콘텐츠를 만들기로 한 것이다. 만약 계획이 성공한다면 호랑이 등에 날개를 단 것이겠지만 위험 부담이 너무 컸다. 콘텐츠를 만드는 것과 제작사로부터 수급해 운영하는 것은 전혀 다른 일이다. 그런데도 넷플릭스가 과감한 결정을 내릴 수 있었던 배경에는 빅데이터에 대한 믿음이 컸기 때문이다. 그리고 결과는 '대박'으로 이어졌다. 직접 제작한 〈하우스오브카드House of cards〉가 엄청난 히트를 친 것이다.

넷플릭스는 〈하우브오브카드〉를 준비하며 사람들이 좋아할 만한 주제와 이야기를 찾기 위해 수천만 건에 달하는 고객 영상 재생 기록과 사용자 평가를 분석했다. 그뿐만 아니라 소셜네트워크의 데이터를 수집하고 심지어 불법으로 공유되는 인기 영화, 드라마들에 대한 데이터를 모으고 분석했다. 이러한 광범위한 빅데이터 수집 및 분석을 통해 1990년 BBC에서 방영된 〈하우스오브카드〉의 리메이크 버전을 제작하는 것으로 결론지었다. 영화감독과 배우도 빅데이터를 활용해 캐스팅 했다. 원작을 시청한 사람들의 데이터를 파악해보니 데이비드 핀처 감독의 〈소셜 네트워크〉, 〈벤자민 버튼의 시간은 거꾸로 간다〉를 상당히 많이 봤다는 것을 알 수 있었다. 또 케빈 스페이시가 주연한 작품들을 즐겨 본 것도 알 수 있었다. 이를 근거로 데이비드 핀처를 감독으로, 케빈 스페이시를 주연으로 섭외해 제작에 들어갔다. 정확히 대중의 니즈needs에 맞춘 것이다. 이후에도 넷플릭스는 자체 콘텐츠 개발에 박차를 가하며 플랫폼과 콘텐츠라는 두 마리 토끼를 모두 잡으며 세계적인 기업으로 성장하고 있다.

기업들은 고객에게 무얼 원하는지 묻기보다 고객의 과거 행동, 데이터 분석에 훨씬 더 집중한다. 다른 무엇보다 더 정확한 예측을 할 수 있기 때문이다. 쉽게 말해 앞으로 어디로 갈 것인지를 묻기보다 지금까지 어디를 다녔는지를 살펴보는 것이 더 정확하다.

"대부분의 경우, 사람들은 그들에게 보여주기 전까지는 그들이 어떤 것을 원하는지 모른다."

천재적인 통찰력과 감각으로 세상을 변화시킨 스티브 잡스가 남긴 말이다. 원하는 것을 눈앞에 명확히 내놓기 전까지 고객 스스로도 자신이 무엇을 원하는지 잘 모른다는 것이다. 그런데 빅데이터라면 다르다. 마치 족집게 점쟁이와 같다. 나보다 나를 더 잘 안다. 내가 무엇을 좋아하는지, 무엇을 볼지, 무엇을 살지 말이다. 그렇다면 반대로도 생각해볼 수 있다. 우리도 자신에 대한 데이터를 모으고 분석한다면 가슴 깊이 숨은 욕구를 명확하게 파악할 수 있지 않을까?

여기서 고민되는 부분이 있다. "나는 데이터를 분석할 줄도 모르고, 분석할 수 있다고 해도 내가 무엇을 좋아하고, 무엇을 잘하고, 어디에 관심이 많은지를 어떻게 일일이 다 기록을 해!"라는 생각이 들 수 있다. 걱정하지 않아도 된다. 바로 그 고민을 단번에 해결할 수 있다. 당신은 오늘도 이것을 통해 스스로의 욕구와 관심을 기록했다. 그러니 걱정 말고 계속 따라오길 바란다. 지금부터 기업들의 이야기가 아니라 우리들의 이야기로 들어가보자.

수많은 자기계발서를 보면서 항상 답답했던 부분이 있다. 대부분 자기 정체성을 찾기 위한 방법으로 다음과 같은 형식의 질문을 던진다.

"당신이 가장 중요하게 생각하는 가치관이 무엇인가요?"
"나를 가장 잘 표현하는 단어 세 가지가 무엇인가요?"
"하루 중 가장 오랜 시간 생각하는 것은 무엇인가요?"
"당신이 1년 이상 꾸준히 배운 것은 무엇인가요?"

"가장 큰 행복을 느꼈을 때는 언제인가요?"

정말 예외 없이 이러한 형식의 질문들을 던지고 있다. 그런데 사실 우리는 그러한 질문 자체를 몰라서 책을 펼쳤다기보다 질문에 대한 답을 모르거나 확신이 없기 때문에 책을 펼치는 경우가 훨씬 많다. 질문에 대한 답을 찾기 위해 책을 펼쳤더니 또다시 질문을 해법인 것처럼 내놓는다면, 독자 입장에서는 미치고 팔짝 뛸 노릇이다. "우와! 몰랐던 걸 알게 해주는 좋은 질문이다."라는 생각보다는 한숨부터 나오기 마련이다. 그래도 삶에 도움이 되는 책이라고 샀으니 포스트잇을 꺼내 몇 단어 적어보지만 금세 구겨버리고 만다. 억지로 머릿속에 집어넣으며 반추해보지만, 자신에 대해 전부 알 것 같지도 않고 마음속에 담은 내용에도 그다지 확신이 들지 않았던 경험이 한번쯤 있을 것이다. 사실 그러한 질문 자체가 잘못된 것이다. 자기계발서에서 던진 질문을 통해서 뚜렷한 답을 찾으려면 질문에 답할 수 있는 관련 로데이터raw data(아직 처리되지 않은 원자료)부터 확실히 확보하는 방법을 알려줘야 한다. 바로 그러한 과정이 빠져 있기 때문에 효과가 없는 것이다. 저토록 엉성하고 잘못된 질문으로는 제대로 된 답을 생각해낼 수 없다.

눈앞에 두 개의 문항이 있다고 가정해보자. 하나는 "당신이 가장 좋아하는 음식 세 가지를 적고 그 이유를 설명하시오."라고 적혀 있다. 나머지 하나는 "이번 주에 먹었던 점심, 저녁 메뉴를 적고 그중 가장 좋아하는 음식 세 가지를 선택해 이유를 설명하시오."라고 적혀 있다. 두 질문 중 어느 쪽이 대답하기 쉽고, 답을 구체적으로 이끌어낼 수 있을까? 후자가 답하기 훨씬 수월하다. 바로 문항 안에 데이터를 구성할 수 있는 범주와 조건을 넣어줬기 때문이다. 그리고 그것에 맞춰 나열된 점심, 저녁 메뉴가 바로 데이터가 된다. 이렇게 데이터가 확보되면 작성자의 생각의 범위가 명확해진다. 또한 나열된 데이터는 연상 작용의 단초가 된다.

　인지발달 심리학자 피아제Jean Piaget는 생각을 표상representation 이라고 일렀다. 이는 '보여주다'를 의미하는 단어 'presentation' 앞에 're'가 붙어 '반복적으로 보여주다'라는 뜻을 지닌 것이다. 즉, 아무런 사전 정보 없이 그냥 좋아하는 음식이 뭔지를 떠올리는 것보다 이번 주에 자신이 먹은 음식들을 나열하고 그중에서 맛있게 먹은 음식, 또는 맛없게 먹은 음식, 그냥 가까운 곳에서 먹은 음식을 구분해서 생각한다면, 다른 음식들에 대한 연상도 쉽게 할 수 있다는 말이다. 그리고 전체 데이터에서 특정 데이터가 유독 많고 반복된다면 자신이 가장 좋아하는 것이라는 명확한 결론까지 도출할 수 있다.

　나도 내가 가장 좋아하는 음식이 과일인 줄 알았다. 하지만 카드 내역을 보며 다시금 깨달았다. "아, 내가 고기를 가장 자주 사 먹네? 고기를 사는 데 돈을 제일 많이 쓰고 있었어. 그 말은 곧, 내가 좋아하는 음식은 과일이 아니라 고기라는 말이네." 결국 내 식성에 대한 데이터를 통해 순순히 인정했던 기억이 난다.

"만약 1시간 동안 내 인생을 걸고 어떤 문제를 풀어야 한다면, 나는 어떤 질문을 던져야 할지를 정하는 데 55분을 사용할 것이다. 정확한 질문을 찾아내면 해답은 5분 만에 찾아낼 수 있다."

상대성 이론의 창시자 알베르트 아인슈타인의 말처럼 질문의 중요성은 동서고금을 막론하고 강조돼왔다.

대한민국을 대표하는 영화감독을 뽑으라고 한다면 박찬욱을 빼놓을 수 없다. 박찬욱 감독의 이름을 본격적으로 알린 작품이 〈공동경비구역 JSA〉였다면 그를 세계적인 감독의 반열에 올려준 작품은 〈올드보이〉다. 박찬욱 감독은 이 영화를 통해 세계 유수의 영화제에서 상을 휩쓸었고 한국뿐만 아니라 세계 영화사의 이정표라고 평가받았다. 영화 〈저수지의 개들〉, 〈킬빌〉을 연출한 쿠엔틴 타란티노 감독은 올드보이를 보며 펑펑 울었다고 밝히며 극찬했다. 세상에 나온 지 20년 가까이 된 지금도 영화 학도는 물론 일반 대중들에게 친숙한 작품이다. 그 영향력만큼 영화 속에는 수많은 명대사들이 등장한다. 그중에서도 가장 인상 깊었던 대사가 있다. 자신을 15년 동안 가둔 이우진을 만난 주인공 오대수가 자신을 왜 가뒀냐고 묻는다. 그 질문에 대한 이우진의 답이 인상적이다.

"틀린 질문을 하니까 틀린 답이 나오죠. 질문이 잘못 됐잖아. 왜 당신을 15년간 가뒀느냐가 아니라 왜 15년 만에 풀어줬는지를 물어봐야죠."

이 대사에 관객들은 뒤통수를 한 대 얻어맞은 기분이 들었다고 한다. 그의 답은 관객들 스스로 생각하게 만들었다.

"그래, 죽을 때까지 가둬놓을 수도 있었을 텐데, 도대체 왜 15년 만에 풀어준 걸까? 도대체 무슨 꿍꿍이인 거야? 이우진이 원하는 게 도대체 뭐야?"

이처럼 질문의 성격에 따라 생각의 흐름은 완전히 바뀔 수 있다. 질문은 마치 머릿속에 떠다니는 생각을 낚아채는 낚싯바늘과 같다. 그런데 그 낚싯바늘 상태가 나쁘다면 아무리 챔질을 해도 제대로 된 생각은 걸려들지 않는다. 오히려 엉뚱한 생각과 답들만 나타날 것이다. 그만큼 질문이 중요하다. 좋은 질문이 좋은 생각을 끄집어낸다. 그리고 우리는 좋은 질문의 조건이 무엇인지 명확히 알게 됐다. 그럼 이제 본격적으로 애매한 재능을 찾기 위한 데이터부터 캐내어보자.

내가 가진 애매한 재능이
이렇게 많다고?

우리가 찾아야 할 데이터는 무엇일까? 노트를 들고 다니며 기록하고, 또 밤낮으로 고민해 지금까지의 경험들을 하나부터 열까지 나열해야 할까? 아니다. 그러면 데이터 기술 관련 책을 사서 분석법을 익혀야 할까? 그것도 아니다. 그 해답은 우리와 매일 붙어 다니는 모바일 기기 안에 들어 있다. 애매한 재능은 세상의 다양한 분야와 주제 속에서 내가 조금 더 잘 아는 것, 조금 더 관심 있는 것, 먼저 더 경험한 것의 교집합이다. 그렇기 때문에 애매한 재능을 찾기 위한 로데이터는 즐겨 듣는 음악, 즐겨 보는 영화 같은 제한된 영역 안에서 축적된 데이터로 끝나서는 안 된다. 마치 포털사이트에서 검색어를 입력하듯 제한성이 거의 없는 상황에서 선택하고 사용한 데이터여야 한다. 두 번째는 매일 또는 지속적으로 축적되는 데이터여야 한다. 그리고 이러한 기준에서 본다면 우리에게 필요한 명확한 데이터를 추출할 수 있는 채널은 크게 두 가지다. 그중 첫 번째 채널이 바로 유튜브다.

유튜브는 애매한 재능을 위한 로데이터를 파악하기에 가장 강력한 플랫폼이다. 유튜브 카테고리는 무한대에 가깝다. 이런 성격 탓에 요즘은 궁금한 것이 있으면 포털사이트가 아니라 유튜브에 검색하고 찾아볼 정도다. 어떠한 단어를 검색해도 그와 관련된 영상이 나온다. 요즘은 대다수 사람이 스마트폰을 사용하고, 스마트폰에 유튜브 앱이 깔려 있다. 모바일 사용 시간 중 유튜브 시청 비중도 매우 크다. 가볍게 시간을 보낼 때든, 중요한 자료나 정보가 필요할 때든 어떤 상황에서도 유튜브는 강력한 도구가 된다. 이는 앞서 말한 두 가지 기준에 부합한다.

　무엇보다 유튜브에는 시청 기록, 구독, 좋아요 기능이 있다는 점에서 강력하다. 바로 이것이 우리가 다뤄야 할 데이터다. 자신이 즐겨 본 영상과 채널을 나열해 특징을 찾고 분석하면 자신이 좋아하고 관심 있는 분야, 또는 조금 더 잘 알고, 더 잘하는 것이 무엇인지 아주 쉽게 키워드를 뽑아낼 수 있다. 그럼 구체적으로 어떻게 데이터를 정리해야 할까? 다음의 표를 참고하면 좋다. 구독중인 채널, 시청 기록, 좋아요를 누른 영상 중 가장 재미있게 보거나 반복적으로 본 상위 채널을 선정한다. 그리고 선정 채널의 채널명, 카테고리, 대표 키워드, 해당 채널에서 가장 재미있게 본 영상, 시청 이유, 영상 형식에 대한 정보를 입력한다. 시청 기록의 경우 원하는 날짜별로 조회도 가능하다. 각 채널의 대표 키워드나 카테고리가 헷갈린다면 각 채널 정보에 운영자들이 작성해놓은 채널 소개글을 참고하면 된다. 지금 적는 것이 로데이터다. 이 자료를 통해서 몇 번의 정제 과정을 거쳐야 한다. 그러니 부담 없이 적어보자.

채널명	카테고리	대표 키워드	재미있게 본 영상	구독&시청 이유	영상 형식
WLDO	광고 큐레이팅	광고, 아이디어, 브랜딩	무슬림 여성을 위해 히잡 수영복을 만든 나이키	좋은 영감을 준다	자료 편집
사피엔스 스튜디오	지식 큐레이팅 소개	역사, 인문학, 어쩌다 어른	외계인을 만나려면 이걸 포기해야 한다	킬링타임용	전문가 강연& 이야기
귀농다큐	귀농 귀촌 인터뷰&다큐	로컬, 시골살이, 자연인	시골에서 500만 원짜리 카페차려 귀농하기	킬링타임&힐링용	인터뷰&다큐
써에이스쇼	지식 큐레이팅 소개	역사, 세계사, 인물	금서가 된 세계 최고의 여행기 열하일기	멍하니 보기 좋음	애니메이션
요즘 것들의 사생활	인터뷰 채널	밀레니얼, 생계, N잡	없음 그냥 대체로 무난했음	밀레니얼 세대가 어떻게 사는지 궁금해서	인터뷰
지식한입	지식 큐레이팅 소개	경제, 지식, 기업	LG전자 스마트폰 철수, 칼을 뽑아든 젊은 회장님	경제, 기업 쪽 관련 정보를 쉽고 재밌게 알려줌	자료 편집
스테이 폴리오	공간 큐레이팅	로컬, 공간, 인테리어	STAYFOLIO No 033 Hotel Kanra	아름다운 공간을 멋진 영상으로 보여줌	촬영영상 + 내레이션
현대카드 DIVE	취향&소비 정보	힙스터 취합	디자인은 더욱 중요해진다 – 현대카드 CEO 정태영 [OVER THE RECORD]	원래 현대카드 좋아했는데, 좋은 강연 형식의 자료가 많음	강연, 공연, 인터뷰 형식
띵언 저장소	동기부여 영상	자기계발	당신을 상위 0.01%로 만들어줄 일론머스크의 사고방식	게을러졌을때 보기 좋음	자료편집
더아이콘	인물(셀럽) 소개&인터뷰	셀럽, 힙스터, 힙합	[ENG_레고빌더 김꾸삐] 나는 조립한다고로 존재한다	새로운 직종의 힙한 사람들을 많이 소개해줌	촬영영상 + 인터뷰
소비더머니	대기업 일화 주요이슈 소개	대기업, 브랜드, 소비, 돈이야기	100년을 살았던 재벌의 성공과 좌절, 논란과 위기의 한복판에 선 롯데그룹	기업의 다양한 이야기를 재미있게 설명함	자료 편집
드림텔러	영화 큐레이팅	영화, 출발 비디오 여행	재산 31조 부자의 손자를 유괴한 범인들에게 벌어진 실화가… ㅎㄷㄷ	시간 보내기 좋음, 영화를 좋아하는데 핵심만 간략히 잘 설명해줌	영화 편집 소개
김마통	30대 백수의 일상	백수, 요리, 자취	대기업 출신 30대 백수는 대체 한달에 얼마를 쓸까?	백수의 삶 ep.4	킬링타임용으로 제격	브이로그 형식
워크맨	직업 리뷰, 회사소개	직업, 리뷰, 극한 직업, 직업 탐방, 취업, 회사 소개	한강 텐트 대여 아르바이트 리뷰	다양한 직업세계를 흥미롭게 볼 수 있어서 좋음	촬영 + 편집
지식해적단	지식 큐레이팅 소개	역사, 인물, 지식, 세계사	흑사병이 인류 사회를 뒤바꾼 과정!	멍하니 보기 좋음	애니메이션 + 편집
유퀴즈온더 튜브	직업인 인터뷰	유재석, 유퀴즈 온더블럭, 직장, 직업 소개	화려한 실적 뒤엔… 영업의 신 박광주 자기님의 남모를 고민	다양한 직업세계를 흥미롭게 볼 수 있어서 좋음	촬영 + 편집
코리안좀비	이종격투기 관련 정보	정찬성, 코리안 좀비, MMA, 격투기	정찬성의 비시즌 운동 루틴은?	권투를 했던 탓에 격투종목에 관심이 있었음. 정찬성 선수를 좋아함	브이로그 + 소개형식
무비위크	영화 오디션 영상 소개	봉만대 감독, 영화 오디션, 배우 지망생, 연기	특이한 목소리가 매력인 배우! 심사위원이 호평한 오디션 연기	연기를 해보고 싶던 막연한 생각이 있음. 배우지망생들의 연기를 보는 재미가 있음	촬영

① 구독 중인 채널 데이터화

구독 중인 채널의 채널명, 카테고리, 대표 키워드, 가장 재미있게 본 영상, 구독 이유, 영상형식을 적어보자.

② 시청 기록 데이터화

최근 1주일 또는 2주일간 시청한 영상들을 살펴보고 반복적으로 또는 가장 재밌게 본 영상의 채널을 선정해 위의 양식에 맞춰 적어보자.

③ 좋아요 누른 영상 데이터화

시청 기록과 동일하게 지금까지 좋아요를 누른 영상 중 반복적으로 또는 가장 흥미롭게 본 영상의 채널을 선정해 적어보자. 세 가지 기준으로 최소 15개 이상의 채널을 적어보자. 나의 경우에는 구독 중인 채널, 시청 기록, 좋아요를 누른 영상 중 가장 재미있게 보거나 반복적으로 본 상위 18개 채널을 선정했다. 그중에는 영화 소개, 역사 큐레이팅, 다큐멘터리, 대기업을 다니다 퇴사한 백수 브이로그, 유명 카드 회사, 동기 부여, 공간 소개, 셀럽들을 선정해 인터뷰하는 채널, 귀농 소개 등 여러 카테고리의 채널들이 포함되어 있다. 이 나열만 봐도 그 많은 정보 중에 내가 무엇을 자주 접하고 좋아하고 잘 알고 싶어 하는지 단번에 알 수 있다. 그렇다고 이게 끝이 아니다.

위 내용처럼 정리했다면 이제 데이터를 토대로 의미 있는 데이

구분	카테고리	키워드
가장 잘 아는 또는 알고 싶은 키워드	대기업 관련 주요 이슈 소개, 광고 큐레이팅, 공간 소개	자기계발, 회사 소개, 영화, 로컬
가장 좋아하는 키워드	지식 큐레이팅, 대기업 관련 주요 이슈 소개, 광고 큐레이팅, 공간 소개	직업 리뷰, 로컬, 공간, 브랜드, 광고
가장 반복되는 키워드	지식 큐레이팅	역사, 세계사, 직업

터를 선별해야 한다. 여기서 주목해야 할 것은 각 채널의 카테고리
와 대표 키워드다. 우리는 지금 자신이 조금 더 잘 알거나 잘하는
것, 좋아하는 것, 자주 경험하는 것의 교집합을 찾는 중이다. 그렇다
면 위의 키워드에서도 ① 가장 잘 알거나 또는 알고 싶은 카테고리
와 키워드, ② 관심 있고 좋아하는 카테고리와 키워드, ③ 가장 많
이 중복되는 카테고리, 키워드를 로데이터에서 뽑아내 적어보자.
나의 경우 위 그림처럼 각각의 항목에 맞게 주요 카테고리와 키워
드가 나뉜다. 이렇게 1차 선별이 완료된다. 이것은 추후에 다른 데
이터들과 함께 다시 조정될 예정이니 잘 저장해놓자.

데이터를 추출할 수 있는 두 번째 방법은 SNS의 공유 게시물 또
는 북마크를 설정한 콘텐츠를 확인하는 것이다. SNS도 많은 종류
의 정보가 빠르게 흘러 다닌다. 그 속에서 손가락을 몇 번이라도 더
눌러 저장시켜놨다는 것은 분명 흥미를 느끼거나 궁금하다는 반
증이다. 대표적으로 페이스북과 인스타그램이 있다. 카카오톡에서

나와의 채팅으로 보낸 뉴스 기사, 모바일 캡처 사진도 중요한 데이터다. 이 외에도 팟캐스트, 뉴스레터 등 앞서 언급한 데이터 기준 (① 분야의 비제한성, ② 일관된 사용 주기)을 충족하는 플랫폼에서 저장한 콘텐츠를 적는 것도 무방하다. 데이터 정리는 제목, 카테고리, 대표 키워드, 저장 이유, 형식을 기준으로 적자. 이것도 총 15개 이상으로 작성하자.

이렇게 정리했다면 첫 번째 단계와 마찬가지로 키워드에서도 ① 가장 잘 알거나 또는 알고 싶은 카테고리와 키워드, ② 관심 있고 좋아하는 카테고리와 키워드, ③ 가장 많이 중복되는 카테고리, 키워드를 로데이터에서 뽑아내 적어보자.

이렇게 하면 최소 30개 이상의 데이터가 나온다. 만약 "저는 유튜브 로그인을 하지 않아서 시청 기록이나 구독 채널도 없어요. 그리고 뉴스 기사나 SNS 콘텐츠를 따로 저장하면서까지 보진 않아요."라고 말하는 사람이 있을 수 있다. 그런 경우에는 간단하게 해결할 수 있다. 오늘부터 시청 기록이나 구독 채널이 기록되게끔 유튜브 로그인 설정을 해놓으면 된다. 또 재밌게 읽은 기사나 콘텐츠가 있으면 모바일로 캡처해서 저장만 해놓으면 된다. 1~2주 정도만 실행해도 유의미한 데이터를 충분히 쌓을 수 있다. 만약 지금 갖춰진 데이터가 빈약하다고 생각된다면 1~2주 동안 유튜브도 더 보고 인터넷 기사도 더 찾아보면서 데이터를 쌓으면 된다. 어떤 목적

북마크-캡처 타이틀	카테고리	대표 키워드	저장 이유	형식
모든 교토 산업에 새겨진 지역 정체성	지역문화	로컬, 공간, 브랜딩	교토에 대한 관심이 많아서	브런치 글
테라오 겐 ceo인터뷰 〈좋아하는 일, 하고 싶은 일 하는 것이 우선〉	인물 인터뷰	디자인, 발뮤다, 일의 가치관	발뮤다 브랜드를 관심 있게 보기도 했고, 기사 제목에 시선이 갔음	조선일보 인터뷰 기사
하비풀 - 취미를 만나 일상이 아름다워지다	취미, 클래스	취미, 자기계발, 사이드잡	다양한 취미생활에 대한 호기심이 있어왔음	취미 관련 플랫폼
대림미술관 작품 〈빨래방〉	설치미술	전시, 기발함, 창의적	창의적인 설치 미술에 감탄함	전시 캡처
나이키 광고영상 (The Toughest Athletes)	브랜드, 아이덴티티	나이키, 브랜드, 아이덴티티	나이키, 아디다스, 애플 등 평소 브랜드 광고를 보면서 많은 영감을 받고 좋아함	영상
HYBE(New brand presentation)	브랜드, 아이덴티티	브랜드, 빅히트, bts	세계적인 엔터테인먼트 회사가 브랜드를 리뉴얼 홍보하는 영상을 30분짜리로 만든 것이 호기심을 크게 자극했다.	브랜드 소개 영상
취미, 육아, 재테크… 판 커진 온라인 교육 플랫폼, 몸값뛴다.	취미, 온라인 교육	온라인 교육, 취미, 플랫폼, 투잡	코로나로 많은 사람들이 자기계발에 몰입한다는 걸 알게 되면서 자연스레 눈에 들어온 기사	기사
톨킨 오리지널 공식 굿즈 소개	굿즈	반지의 제왕, 굿즈제작, 지도	재미난 굿즈를 보면 관심이 갔는데 친환경 특수 용지로 만든 지도 굿즈가 신기해서 저장했음	사진+영상+글
버거킹 브랜드 리뉴얼 소개글	브랜드, 아이덴티티	버거킹, 브랜드, 아이덴티티, 디자인	평소 브랜드, 디자인에 관심이 많다 보니 눈길이 끌려 저장	기사
레고 재택러들의 근황	취미, 레고, 오타쿠	레고, 창의, 크리에이터, 장난감	레고로 재미난 프로젝트를 하고 싶단 생각이 었었음	짧은 동영상
이쁜 카페 사진	카페, 공간	인테리어, 카페, 휴식, 공간	인테리어가 이쁘거나 공간이 편안한 곳을 즐겨 가기 때문에 기억하고 싶어서 촬영해놓음	사진
길거리 간판 사진	간판, 디자인	디자인, 패키지, 판촉, 인테리어	조명이나 간판이 이쁘면 관심이 많이 가서 찍어 놓음	사진
패키지 상품	종이, 패키지, 디자인, 굿즈	아이디어, 패키지, 광고, 종이, 디자인, 기발함	종이로 만든 또는 다양한 굿즈나 패키지를 보면 재미있고 흥미로움. 그래서 기억하고 싶어서 기록함	캡처
사람들과의 만남 인증샷	인간관계	관계, 만남, 추억	좋은 사람들과 만남을 기억하고 싶어서 항상 만나면 인증을 남김.	사진
인테리어 공간 사진	인테리어	인테리어, 공간, 디자인	좋은 공간이나 인테리어를 보면 기억하고 싶어서 캡처함	사진

02
그럭저럭 쓸 만한 재주부터 찾아보기

구분	카테고리	키워드
가장 잘 아는 또는 알고 싶은 키워드	지역 문화, 브랜드, 아이덴티티, 설치 미술	로컬, 공간, 브랜딩
가장 좋아하는 키워드	지역 문화, 취미, 설치 미술, 굿즈	로컬, 공간, 브랜딩, 굿즈 제작
가장 반복되는 키워드	브랜드, 아이덴티티, 취미	브랜드

이나 계획 없이 흔히 딴짓(?)이라 불리는 평소 행동을 하는 것으로도 충분하다. 마음 편하게 하는 딴짓, 수많은 정보와 자극 중에서 당신이 자연스레 건져 올리는 그것이 바로 진짜 당신의 욕구를 찾아줄 단서다.

여기까지 왔다면, 마치 까만 봉투에 담겨 냉장고 구석에 숨어 있던 아주 좋은 식재료를 찾아 꺼낸 것과 같다. 유명 셰프들은 하나같이 이렇게 말한다.

"좋은 재료가 가장 기본이다. 좋은 재료가 좋은 음식으로 탄생한다."

이 말처럼 자신의 로데이터를 찾는 과정이 탄탄해야 애매한 재능을 위한 좋은 재료를 구성할 수 있다. 급할 것 없다. 자신만의 요리를 위해 지금 자신이 지닌 데이터를 천천히 나열해보자.

쪼갤수록 깊어진다

주방에 들어서서 힘들게 이곳저곳에 있던 식재료를 찾아 나열했다. 그런 다음 무엇을 해야 할까? 기본적으로 식재료에 이물질이 없는지 살피고 털어내고 씻어야 한다. 썩은 부위가 있다면 잘라내야 한다. 좋은 식재료를 모았다면 이제 그것을 쓸 수 있는 음식 재료로 만들기 위해 손질해야 한다.

대학 시절 아르바이트를 많이 했었다. 돈을 버는 목적도 있었지만 다양한 사회 경험을 빠르고 쉽게 할 수 있단 생각에 더 찾아다니며 했다. 그중에서 가장 오래 일한 아르바이트 자리는 레스토랑 서빙이었다. 30대 중반의 젊은 사장 두 사람이 의기투합해 만든 가게였다. 내가 맡은 일은 서빙이었지만 주방 보조도 겸했다. 그런 탓에 식탁을 쓸고 닦는 것만큼 식재료 손질도 많이 했다. 그중에서도 해산물 파스타에 들어가는 홍합 껍질 손질을 정말 많이 했다. 매일 가게로 배달되는 홍합을 깨끗한 물에 담가 껍질의 불순물을 긁어내고, 홍합수염으로 불리는 족사를 제거했다. 항상 쉬엄쉬엄 하자고 이야기하던 주방 형들도 재료 손질 할 때만큼은 까다롭고 꼼꼼했다.

"상훈아, 재료가 아무리 좋아도 손질 제대로 못하면 꽝이야 꽝. 우리가 하는 이 손질이 되게 중요하다. 알지?"

맞는 말이었다. 아무리 좋은 재료를 가져오더라도 손질을 제대로 안 하고 음식을 만들어 손님 테이블에 내면 여지없이 클레임이 들어왔다. 좋은 식재료를 구하는 것만큼 정성스레 손질하는 것이 중요하다. 애매한 재능을 개발하는 과정에서도 똑같이 적용된다. 지금부터 애매한 재능의 키워드를 쪼개고 뜯고 분리시켜야 한다.

말을 잘한다는 것은 하나의 재능으로 보이지만 사실 수많은 종류의 재능이 포함되어 있다. 많은 사람 앞에서 떨지 않고 말을 잘하는 것, 짧은 시간 안에 핵심만 잘 전달하는 것, 이성에게 효과를 발휘하는 말솜씨를 가진 것, 남을 잘 설득하는 것 등등 각기 다른 재능 같지만 '말을 잘한다'는 하나의 문장으로 모두 묶여 있다. 그리고 지금 우리가 찾은 자신의 키워드들은 아직 이렇게 하나의 덩어리로 묶여 있다. 그래서 모두 분리시키는 과정이 필요하다. 그 과정을 통해서 당신이 가진 애매한 재능이 무엇인지 좀 더 구체적으로 알게 된다. 좋아하고 잘한다고 생각했던 분야나 주제 안에서도 상대적으로 약하고 흥미를 덜 느끼는 것이 무엇인지 구분할 수 있다.

예를 들어 '드라마 정보'를 키워드로 썼다면 최근 신작 드라마들을 잘 아는지, 드라마에 나오는 인물에 대해서 잘 분석하는지, 특정 PD나 작가들의 드라마를 즐겨 찾아보는지를 구분해 살펴봐야 한다. 이때 중요한 것은 굳이 어떤 것을 없애는 것이 아니라 분리 자체가 목적이라는 점이다. 다시 말해 애매한 재능을 한 단계 더 깊이 파악하는 것이다. 이 과정을 실행하면 앞서 발견해낸 키워드를 자연스레 문장으로 만들 수 있다. 마치 조그마한 애벌레가 번데기가 되고 시간이 지나 나비가 되듯 애매한 재능의 키워드를 구체화하여 명확한 문장으로 재탄생시켜야 한다. 그럼 어떻게 쪼개야 할까?

　유튜브 또는 SNS 북마크로 확보한 애매한 재능의 키워드들은 대주제다. 즉, 엄청나게 큰 덩어리다. 대부분 키워드와 관련된 세부(하위) 주제들이 자연스럽게 따라온다. 예를 들어 '로컬'을 키워드로 뽑았다면 로컬의 경제, 행정, 역사, 환경, 브랜딩, 공간, 관광 중 어떤 것에 더 관심이 있는지 구분할 수 있다. 세부 주제를 구성할 때 참고하기 좋은 자료도 우리는 이미 들고 있다. 앞서 마련한 로데이터를 활용하면 된다. 대주제를 로데이터의 '카테고리'와 '대표 키워드'에서 가져왔다면 세부 주제의 로데이터는 '가장 재미있게 본 콘텐츠(영상)'와 '시청 이유'다. 그 영역을 살펴보면 명확한 추론이 가능하다. 내가 어떤 영상을 보고, 어떤 이유에서 이 키워드를 대주제로 설정한 것인지 상세하게 알 수 있다. 그 데이터를 보면 로컬의 경제, 역사에 대해서는 전혀 관심이 없지만 지역성이 들어간 다양한 공간, 관광객이 가면 좋아할 만한 지역 카페나 장소를 찾고 보는 것에 훨씬 큰 관심이 있다는 걸 알 수 있다.

　또한 누군가 물었을 때 자신 있게 대답할 수 있는 세부 주제, 지금은 잘 모르더라도 관심 있는 세부 주제가 무엇인지 생각하며 점

검하면 쉽고 구체적인 내용 구성이 된다. 누군가 로컬(지역) 경제를 물어보면 대답하기 어렵지만 여수, 경주 등 각 지역에 자리 잡고 있는 재미난 공간이나 카페는 얼마든지 소개시켜줄 수 있다. 또는 당장 지역 문화나 지역별 역사에 대해서는 잘 모르지만 꼭 한 번 공부하거나 취미로 알아보고 싶다면 그것 역시 세부 주제로 들어간다. 만약 NBA 농구를 키워드로 뽑았다면 NBA 팀을 잘 아는 것, NBA 역사를 잘 아는 것, 선수를 잘 아는 것, 경기 예측을 잘하는 것 등이 세부 주제가 될 수 있다. 이런 과정을 통해 대주제 안에서도 자신이 더 좋아하고 잘 아는 싱싱한 주제가 무엇인지, 또 상대적으로 관심이 낮고 모르는 것이 무엇인지 알 수 있다. 지금까지의 과정을 예시로 정리하면 다음과 같다.

• [대주제(카테고리, 대표 키워드)] - [세부 주제(좋아하는 영상, 시청 이유)] •

예시1. [로컬] - [관광객들이 가면 좋은 지역 공간]

예시2. [NBA] - [NBA 팀별 역사 및 선수 정보]

예시3. [큐레이팅] - [세계 지리]

예시4. [드라마] - [신작 정보]

예시5. [토익 점수] - [700점 만들기]

예시6. [취미] - [연필 깎는 것]

예시7. [맛집 투어] - [혼자 다녀도 좋은 전국 음식점 찾기]

자신만의 대주제를 정하고, 세부 주제를 뽑았다면 이제 뭘 해야 할까? 우리가 애매한 재능을 개발하는 이유는 각기 다를 것이다. 그러나 한 가지는 분명하다. '공유되어야 한다는 것.' 외부에 공유를 해야 돈을 벌 수도, 브랜딩을 할 수도, 원하는 관심을 얻을 수도, 또 원하는 관계를 맺을 수도 있다. 결국 이 전반의 과정은 사람들에게 전달하고 공유할 무언가를 찾고 개발하는 과정이다. 앞의 내용으로 무엇을 전달하고 공유할지 상세히 정했다면 그것을 어떻게 전달해야겠다는 방향이 필요하다. [대주제]-[세부 주제] 다음은 바로 [구성 방향]이다.

예를 들어보자. 떡볶이를 좋아해서 '떡볶이'를 키워드(대주제)로 뽑았다. 그리고 세부 주제는 '떡볶이 맛있게 만드는 법'이다. 떡볶이를 좋아하고 떡볶이를 맛있게 만드는 법이 애매한 재능인 것이다. 그렇다면 이제 '떡볶이 맛있게 만드는 법'을 어떤 방향으로 구성할지 선택해야 한다. '떡볶이 맛있게 만드는 법'을 쉽게 전달하는 것, 재밌게 전달하는 것, 또는 다양한 재료를 써서 실험적인 내용으로 전달하는 것, 요식업에 종사하는 사람들도 참고할 수 있게 아주 상세하게 전달하는 것은 모두 다르다. 그리고 이것을 구분했을 때 최종적으로 자신이 무엇을 해야 할지 방향이 잡힌다. 왜일까? 이것이 행동을 결정하는 기준이 되기 때문이다.

이때 도움을 주는 것이 바로 '부사'다. 부사는 문장을 자세하고 정확히 말하고자 할 때 쓰는 품사다. 우리도 행동 방향을 자세하고 정확히 알고자 할 때 부사의 개념을 가져와 활용해야 한다. 대표적으로 빠르게, 느리게, 작게, 크게, 많게, 적게, 오래, 짧게, 정확하게, 흥미롭게, 뛰어나게, 쉽게, 가장 어렵게, 단순하게, 화려하게, 편안하게 등이 있다. 앞서 나온 데이비드 리스의 사례와 토익 점수 700점으로 강의를 만들려는 회사 동기의 사례도 이 과정으로 보면 다음과 같다.

• [대주제] - [세부 주제] - [구성 방향] •
데이비드 리스 : [취미] - [연필 깎는 것] - [상세하게]
회사 동기 : [토익점수] - [700점 만들기] - [빠르게]

이렇게 쪼개놓고 보면 전반의 과정이 어떻게 구성됐는지 한눈에 들어온다. 그리고 이렇게만 구성해도 '최초화'가 될 수 있다. 이 단계에서 최초화가 가능하다면 바로 실행 단계로 넘어가면 된다. 그렇지 않다면 한 단계 더 진행해야 한다. 사실상 대부분의 최초화는 다음 단계를 거친 후 결정된다. 최초화의 핵심은 어떻게 연결하느냐다.

초간단!
가장 반대되는 거랑 연결하면 끝

"야, 범인 몽타주 나왔냐?"

"아니요. 목격자가 잘 기억을 못하네요."

몽타주montage 는 주로 피해자나 증인의 진술을 통해 범죄자나 지명수배자의 얼굴을 재현해내는 초상화를 의미한다. 원래 의미는 특정 인물의 얼굴이나 특징을 지칭하는 것이 아니다. 몽타주는 프랑스어로 '모으다, 조합하다'라는 뜻이다. 주로 영화계에서 촬영 장면을 자르고 붙여 완성된 이야기를 구성하는 편집의 의미로 널리 쓰였다. 장면을 어떻게 조합하느냐에 따라 슬픈 장면을 기쁜 장면 으로, 악한 사람을 착한 사람으로 바꿀 수도 있는 마법 같은 기술이 다. 때로는 지루하고 따분한 장면도 편집에 따라 박진감 넘치는 장 면으로 탈바꿈하기도 한다.

몽타주 기법의 창시자로 불리는 소비에트의 레프 블라디미로비 치 쿨레쇼프Lev Vladimirovich Kuleshov는 '쿨레쇼프 효과'라고 불리는 흥미로운 실험으로 몽타주 기법의 심리 효과를 확인했다. 그는 우 선 남자 배우의 무표정한 얼굴을 찍었다. 그런 다음 김이 모락모락 나는 수프, 관에 누워 있는 여인, 곰 인형을 가지고 노는 어린아이 의 장면 뒤에 각각 이어 붙였다. 영상을 본 사람들은 앞 장면에 따 라 배우의 무표정을 다르게 받아들였다. 앞 장면에 수프가 나올 때 는 배고픔을 느끼는 것으로, 관에 누워 있는 여인이 나올 때는 슬픔 을 느끼는 것으로, 곰 인형을 가지고 노는 아이가 나올 때는 사랑스 럽게 아이를 바라보는 것으로 받아들였다. 똑같은 표정이라도 어떻 게 편집하느냐에 따라 다른 의미로 받아들이는 것이다.

그런가 하면 영화에서는 몽타주와 반대되는 개념도 있다. 바로 미장센mise en scene이다. '무대 위에 배치하다'라는 의미로 연극 용 어에서 확장돼 영화 용어로도 사용된 프랑스어다. 쉽게 말해 한 화 면을 어떻게 채워 담아내는가에 대한 개념이다. 하나의 장면을 채우는 데는 많은 요소가 필요하다. 감독의 메시지를 잘 전달할 수 있도록 조명, 소품, 풍경, 사람 등을 적절하게 배치하고 화면에 담아내는 것이다. 몽타주처럼 숏과 숏을 잘라 연결하거나 삭제해 넘어가는 과정 없이 대상의 모습을 자연스레 노출시키는 방식이다. 설원의 풍경, 멋진 레스토랑에서 이어지는 남녀의 대화 장면 등을 떠올리면 이해하기 쉽다. 그리고 그렇게 아름다운 장면을 보면 사람들은 "이 영화, 미장센이 멋지네."라고 말한다.

두 개념을 이해하며 문득 이런 생각이 들었다. "우리는 우리 삶을 미장센으로만 바라보려 고집하는 건 아닐까?" 사람들은 좋은 환경, 좋은 대학, 좋은 회사처럼 흠잡을 것 없는 스펙이 완벽하게 갖춰져 하나로 이어지는 선과 같은 인생을 바란다. 그리고 그중에 하나라도 어긋나면 콤플렉스를 가지고 이내 숨겨버린다. 하지만 몽타주를 통해 평범한 장면도 결정적인 장면으로 거듭날 수 있듯이 애매한 재능이나 숨기고 싶었던 콤플렉스도 어떻게 편집하고 연결하느냐에 따라 훌륭한 재능으로 바뀔 수 있다. 바로 이러한 생각으로 출발해야 한다. 우리의 삶을 완벽한 미장센으로 만들려는 욕심을 버리고, 몽타주로 완성해가야 한다. 우리는 애매한 재능을 숨기기보다 어떻게 편집하고 연결해야 할 것인가에 관한 질문을 던져야 한다.

니코스 카잔차키스Nikos Kazantzakis의 소설 《그리스인 조르바》는 나의 20대 시절에 가장 큰 영향을 준 책이다. 책의 화자는 자신의 삶이 '책벌레'라는 한마디로 집약되는 데 분노했다. 그는 삶을 적극적으로 겪고 느끼기보다 방어적으로 살며 글과 책을 가까이했다. 반대로 조르바는 동물 같은 사람이다. 그에겐 지금 이 순간이 가장 중요하다. 어느 날 녹로를 돌리는데 계속 검지가 거슬리자 잘라버린다. 지금 그 손가락이 녹로를 돌리는 데 방해되기 때문이다. 이처럼 지금 무엇을 느끼고 무엇을 하는지를 가장 중요하게 생각한다.

책에는 두 사람이 우연찮게 만나 탄광 개발을 하며 함께하는 모습이 그려진다. 그리고 화자는 조르바를 통해 세상을 다시금 바라보게 된다. 현실에 충실하지 못했던 그가 누구보다 순간에 몰입하며 사는 조르바로 인해 많은 깨달음을 얻게 되는 내용이다. 그리고 화자가 전하는 이야기는 독자들도 공감할 수 있는 자극으로 다가온다.

우리는 자신과 다른 것에 두려움을 느끼고 동시에 호기심을 가진다. 반대되는 속성끼리 만나면 저항도 거세지만 그로 인해 태어나는 영향력도 커진다. 앞에서 우리는 애매한 재능의 키워드를 선정하고 각각의 영역을 상세하게 쪼개고 분리시켰다. 각 영역을 어떻게 전달하고 구성할지에 대한 기준까지 마련했다. 그럼 이제는 애매한 재능이란 씨앗을 어떻게 최초화해 사람들이 관심을 가지고 좋아하게 만들지 고민할 차례다.

최초화는 조르바 이야기와 닮아 있다. 가장 어색하고 멀리 떨어져 있는 것. 거기서부터 출발해야 한다. 본격적인 운동 전에 반드시 준비 운동이 필요하듯, 애매한 재능을 유연하게 최초화하기 위해서는 생각을 조금 더 말랑말랑하게 만들어줄 여러 사례를 훑어보는 시간이 필요하다.

2020년, 밀가루를 만드는 한 제분회사의 브랜드로 패딩 점퍼와 맥주가 출시됐다. 대한제분의 곰표 브랜드를 활용한 곰표 맥주, 곰표 패딩이다. 출시되자마자 선풍적인 인기를 끌며 품절 대란을 일으켰다. 곰표 맥주는 재미난 디자인과 콘셉트는 물론이고, 맛도 부드럽고 좋다는 입소문까지 더해져 지금도 인기몰이 중이다. 맥주의 인기에 힘입어 언뜻 보기에도 밀가루와 관련이 없어 보이는 화장품, 치약, 세제 등 다양한 상품이 곰표 브랜드를 달고 출시됐다. 곰표 브랜드의 인기에 자극을 받아 시멘트 회사인 천마표, 구두약 상표인 말표도 다양한 제품으로 출시됐다. 또한 소주 브랜드인 참이슬에서는 소주팩 모양의 가방을 프로모션상품으로 내놓았고, 모나미와 활명수는 컬래버레이션 제품을 내놓는 등 다양한 기업에서 업계의 경계를 뛰어넘는 협업을 진행하고 있다. 특히 최근에 불고 있는 트렌드인, 오래된 것들을 가져와 색다른 가치를 입히는 뉴트로newtro 덕분이다.

하지만 이것을 단순히 트렌드로 치부하기에는 그 의미하는 바가 크다. 그리고 낯선 연결, 즉 몽타주를 통해 사람들의 관심과 사랑을 받아온 사례는 오래전부터 많이 있었다. 이러한 연결을 통해 '최초화'를 잘 활용한 기업 중 하나가 에너지 드링크를 파는 음료 제조사 레드불Redbull이다.

기업들이 특정 스포츠를 후원하거나 주최하는 경우는 많다. 하지만 레드불은 조금 특별한 후원 활동을 해왔다. 일반적으로 국가대표는 올림픽 또는 아시안게임과 같은 국제대회에서 활약하는 스포츠 선수를 일컫는다. 그런데 혹시 종이비행기 날리기 국가대표가 있다는 말을 들어봤는가. 엄연히 국가대표로서 선발전도 치른다고 한다. 국제대회도 정기적으로 열린다. 바로 레드불이 주최하고 운영하는 종이비행기 날리기 대회다.

2006년부터 시작된 레드불 페이퍼 윙스Redbull Paper Wings는 3~4년마다 오스트리아 잘츠부르크의 레드불 전용 격납고에서 열린다. 하지만 이 대회는 단순히 기업 홍보를 위한 이벤트가 아니다. 대회에 참가하기 위해 매회 수십 개국, 수만 명의 선수가 예선을 치르고 경쟁한다. 가장 최근에 열린 2019년 대회 때는 총 52,000명의 선수가 참가했고, 이 중 본선에 오른 58개국 176명이 이틀간 전용 경기장에서 최종 승부를 겨뤘다. 종목도 멀리 날리기, 오래 날리기, 곡예 비행으로 나뉘어 있다.

종이비행기 대회를 소개하면 하나같이 "종이비행기 국가대표라니? 신기하네." "재밌네." 아니면 "별걸 다하네." 같은 반응을 보인다.

긍정적으로 보기도 하고 부정적으로 보기도 하지만 결국 한번 들으면 결코 잊을 수 없다. 물론 다른 기업들도 국제대회를 후원하거나 주최한다. 하지만 스포츠와는 어울리지 않는 '종이비행기'라는 키워드와 '국제대회', '국가대표'라는 부가 정보가 연결되면서 다른 어떤 대회보다도 흥미를 유발하고 기억에 남게 되는 효과가 있다.

또 다른 예를 들어보자. 헤비메탈 음악과 10대 소녀는 어울리는 조합일까? 아주 어려운 것은 아니지만, 그리 쉽게 연결되지는 않는다. 헤비메탈 음악을 자세히 모르는 사람이더라도 언뜻 떠오르는 이미지가 있다. 과격하고 시끄러운 사운드에 길들지 않은 듯한 외모와 다채로운 타투가 생각난다. 그런 이미지가 굳어 있어서인지 10대 소녀와는 도무지 조화가 되질 않는다.

그런데 실제로 이러한 조합으로 활동하는 밴드가 있다. 심지어 꽤 유명하다. 밴드 이름도 헤비메탈과는 어울리지 않는 '베이비 메탈'이다. 처음에는 일본 걸그룹 사쿠라 가쿠인의 유닛으로 활동했다. 2013년에 독립해 데뷔 앨범을 발매했고 이후 엄청난 인기를 누렸다. 일본뿐만 아니라 미국 '빌보드 200'에도 이름을 올렸다. 영국, 미국, 프랑스, 독일 등 세계 투어 콘서트도 진행했다. 2017년에 전설적인 헤비메탈 그룹 '메탈리카'가 내한 공연을 했을 때 본 공연 전 오프닝 공연으로 베이비 메탈이 공연을 했다. 헤비메탈 마니아들 사이에서는 베이비 메탈 공연을 보기 위해 메탈리카 공연 티켓을 샀다는 농담이 돌기도 했다.

곰표 맥주와 레드불과 베이비 메탈. 이들의 공통점이 무엇일까? 곰표 맥주가 재미있다고 느끼는 것은 밀가루 회사의 브랜드로 맥주가 나왔기 때문이다. 만약 주류 회사가 제아무리 귀여운 캐릭터의 맥주를 출시한다고 해도 곰표 맥주처럼 관심을 받고 인기를 끌 수 있었을까? 결코 아니다. 사람들이 곰표 맥주에 관심을 가진 이유는 제분회사의 브랜드로 출시됐기 때문이다. 레드불의 페이퍼윙스도 마찬가지다. 만약 레드불이 올림픽 정식 종목 스포츠를 후원했어도 그렇게 많은 언론에서 관심을 가지고 조명했을까? 아니다. 종이비행기 날리기라는 아주 생소하고 어색한 스포츠와 국제대회를 연결했기에 가능했다. 베이비 메탈도 마찬가지다. 메탈과 걸그룹처럼 서로 어울리지 않는 것끼리 붙여놓으니 재미있어진 것이다. 서로 어울리지 않는 것이 괜찮기까지 하니 더욱 흥미로워진 것이다.

게다가 세 가지 사례에서 각각의 키워드는 엄청난 것들이 아니다. 제분회사＋맥주, 종이비행기 날리기＋국제대회, 헤비메탈＋걸그룹. 이렇게 서로 붙여놓으면 독특하지만 사실 각각의 단어를 떨어트려 놓으면 지극히 평범한 것들이다. 평범한 것과 평범한 것을 연결했을 때 의외로 흥미를 느끼고 새로운 재미를 발견할 수 있다.

이러한 연결의 중요성은 비단 나 혼자만 강조하는 것은 아니다. 최근 서점가에서 주목을 받고 있는 잡지가 있다. 브랜드 다큐멘터리 잡지로 불리는 〈매거진 B〉. 한 달에 하나의 브랜드를 소개하는 월간지다. 기존 잡지와는 다르게 광고가 없다. 그 대신 자신들이 선정한 브랜드의 철학, 성장 배경, 숨은 이야기, 문화, 관계자 인터뷰 등 브랜드 전반의 이야기를 빈틈없이 담아낸다. 제이오에이치 JOH&Co는 〈매거진 B〉뿐만 아니라 한식당 일호식, 양식당 세컨드 키친, 카페 콰르텟, 서점 스틸북스, 레지던스와 오피스, 그리고 리테일이 모여 있는 어반 리조트 사운즈 한남을 운영한다. 기업들의 브랜드 디자인 컨설팅도 하고 있다.

제이오에이치는 특정 카테고리에 속한 기업이 아니라 먹고 마시고 읽고 쉬는 것에 대해 고민하고 디자인하는 회사다. 설립자는 네이버에서 UX디자인센터장을 지낸 조수용 대표다. 네이버의 정체성이라 할 수 있는 초록색 검색창과 네이버의 사옥 디자인도 맡았다. 현재는 카카오 브랜드디자인 총괄부사장을 거쳐 카카오 대표이사로 활동 중이다. 디자인에 대한 남다른 고집과 철학, 경력을 갖춘 그가 한 인터뷰에서 디자인에 대해 언급한 적이 있었다.

예를 들어 이전까지 없던 볼펜 디자인을 의뢰받았을 때 혼자 산속에 들어가 스케치 1,000장을 그릴지 혹은 시중에 나와 있는 볼펜을 최대한 많이 사서 모을 것인지를 선택해야 한다면 당연히 후자를 선택해야 한다는 것이었다. 기존에 나와 있던 제품들을 종합하고 분석하는 과정에서 볼펜의 본질과 새로움을 도출할 수 있기 때문이다. 혼자만의 고뇌가 아니라 이미 존재하는 것을 어떻게 종합하고 편집하느냐에 따라 독창성이 탄생한다는 것이다.

이처럼 훌륭한 디자이너들은 다름을 만들기 위해서 이미 존재하는 것을 먼저 분석한다. 그런 다음 뒤집고 비트는 식이다. 바로 평범함과 평범함을 연결하는 것, 상품과 상품, 개념과 개념, 디자인과 디자인을 더하는 것이다. 나 또한 평범함과 평범함을 연결해 최초 지식을 만들었다. 직장인+아티스트가 그것이다.

그럼 평범한 것들을 어떻게 연결시켜야 하는 걸까? 먼저 가장 반대되는 것끼리 연결하고 더해야 한다. 사람들은 '의외성'에 호기심을 가진다. 그리고 의외성은 쉽게 사라지지 않는다. 정보의 홍수 시대, 자본주의 시대에는 우리가 매일 받아들일 정보나 상품이 결코 줄어들지 않는다. 그런 가운데 의외성의 효과는 더욱 강조될 수밖에 없다. 누구나 평범한 무리 속에서 튀어나온 것에 본능적으로 관심을 갖기 마련이다.

의외성은 서로 반대되고 어울리지 않는 두 개의 평범한 조건과 개념을 연결시킬 때 탄생한다. 그리고 최초화는 그러한 연결을 통해 자연스럽게 이뤄진다. 최초화를 만드는 과정은 노력이나 지적 수준, 재능의 문제가 아니다. 관점의 문제다. 지금 자신이 끼고 있는 안경을 바꿔 끼기만 하면 된다. 명확한 힌트를 얻었다. 기존의 키워드와 가장 반대되는 키워드를 가져와 연결시켜야 한다. 지금까지 가져온 예시들을 되돌아보면 다음과 같다.

• [대주제] - [세부 주제] - [구성 방향] - [콘셉트] •

예시1. [로컬] - [관광객들이 가면 좋은 지역 공간] - [흥미롭게] - [신간 서적 구경]

예시2. [큐레이팅] - [세계 지리] - [쉽게] - [직장 생활]

예시3. [드라마] - [신작 정보] - [쉽고 다양하게] - [백화점 구경]

예시4. [맛집투어] - [혼자 다녀도 좋은 전국 음식점 찾기] - [상세하게] - [아이패드 드로잉]

예시5. [아이패드 드로잉] - [동물 그리기] - [아주 쉽게] - [배달 음식]

로데이터로 뽑은 키워드 중 각 문장에 가장 어울리지 않는 것을 배치해보자. 처음 보면 어색하기 그지없을 것이다. '도대체 이게 뭐야?', '이걸로 어떻게 말이 되게 만든다는 거야?'라고 생각될 것이다. 그러면 성공이다. '이게 말이 될까, 안 될까?', '누가 이런 데 관심 가질까?' 같은 판단이 개입돼서는 안 된다. '이것이 최초인가, 낯선 결합인가, 의외성을 줄 수 있는가' 여부에만 집중해야 한다. 가치가 있느냐 없느냐를 판단하는 것은 나중의 문제다. 아직 진도도 나가지 않은 문제를 가져와 풀지 말고 지금 풀어야 할 과정부터 집중하자.

포맷만 가져오자

연결하기 위한 배치를 완료했다면 이제부터 무엇을 해야 할까? 반대라고 생각해 추가한 키워드 안에서 포맷을 끄집어내야 한다. 포맷은 일정한 형식, 시스템, 모양, 패턴을 뜻한다. 하나의 단편적인 과정이다. 모든 것에는 포맷이 존재한다. '신간 서적 구경'에도 무수히 많은 포맷들이 있다. 신간 서적이 서점에 진열된 특징도 일정한 포맷이다.

특징이라고 해서 거창한 것을 떠올릴 필요는 없다. 서점에서 인기 서적을 구분할 때 종합 베스트셀러, 분야별 베스트셀러로 나눌 수 있다. 각 베스트셀러는 일 단위, 주 단위, 월 단위로 또다시 나눌 수 있다. 이게 바로 포맷이다. 두세 번 서점에 가보면 쉽게 확인할 수 있다. 전문가라서 알 수 있는 게 아니라 그저 서점에 자주 가니까, 책을 자주 검색하니까 쉽게 알 수 있는 특징이다. 단지 그 정도다. 다만 각각의 특징들을 구분해 살펴보는 태도가 필요하다.

또 특징은 다양한 외형적 형태로도 나타난다. 요즘은 띠지를 두르지 않은 책들을 찾기가 힘들다. 이런 특징도 활용 가능한 포맷이다. 신간 서적들의 디자인과 제목 구성도 하나의 포맷이다. 책을 구경하러 가는 나의 과정도 일정한 포맷이다. 한 개의 키워드(명사) 안에 존재하는 여러 가지(동사) 패턴화된 행위를 구분해 대입할 수 있도록 찾고 정리하는 것이 핵심이다. 그렇다면 이 신간 서적으로 콘셉트를 만들어보자.

[로컬] - [관광객들이 가면 좋은 지역 공간] - [흥미롭게] - [신간 서적 구경]

신간 서적은 분야별 베스트셀러, 종합 베스트셀러가 있고 일정 기간에 따라 변동된다. 그렇기 때문에 반복해서 서점을 방문해도 늘 새롭기 마련이다. 오랜 시간을 들이지 않고도 읽을 만한 책을 쉽게 선택할 수 있다. 또 책은 온라인에서 제공되는 콘텐츠들과는 달리 각각의 독특한 표지와 내부 디자인으로 구성돼 있다. 이러한 포맷을 로컬 소개와 합쳐보자. 웹사이트를 개설해 지역별 인기 공간을 신간 베스트셀러처럼 주 단위 혹은 월 단위로 소개하는 것이다. 책 제목처럼 공간을 잘 나타내는 제목을 정하고 썸네일 이미지도 책 표지처럼 구성해 노출한다면 더욱 흥미로울 것이다. 웹사이트를 켜는 순간 베스트셀러가 놓인 벽면처럼 공간들의 썸네일이 노출된 모습을 머릿속으로 자연스레 떠올릴 수 있다.

인기 순위를 정하는 기준 데이터는 무엇으로 할지 고민될 수 있다. 이것도 전혀 문제될 게 없다. 인스타그램의 해시태그 수, 블로그 후기 또는 이용 평점 등 기존 플랫폼들에서 활용되는 항목들의 수치를 활용하면 된다. 그러면 로컬 여행 또는 공간에 관심이 많은 사람들은 서점에 들러서 신간 서적을 둘러보듯, 틈날 때마다 웹사이트를 살펴볼 것이다. 또 휴가를 가거나 놀러 갈 때도 참고하기 좋은 콘텐츠를 최초화할 수 있다. 이러한 방법을 활용하면 단순히 좋은 지역 공간을 소개하는 것에서 나아가 훨씬 더 흥미롭게 로컬 정보를 전달할 수 있게 된다.

[큐레이팅] - [세계 지리] - [쉽게] - [직장 생활]

[큐레이팅]-[세계 지리]의 예로 살펴보자. 여기에 적용된 콘셉트는 직장 생활이다. 언뜻 보면 정말 낯선 조합이다. 이게 말이 되나 싶을 정도다. 이토록 어색한 키워드가 어떻게 바뀌어가는지 함께 살펴보자.

직장 생활의 포맷으로는 무엇이 있을까? 직장인의 기본은 보고, 회의, 출근, 퇴근이다. 그 각각의 행위들도 모두 다른 패턴과 포맷이다. 보고 포맷의 핵심은 무엇일까? 요약이다. 많은 내용을 간단하게 요약해서 전달하는 과정이다. 그리고 보고의 목적은 까다로운 상사, 클라이언트를 설득하고 원하는 방향으로 이끄는 것이다. 직장인들은 매일 출근해서 바로 그러한 작업을 하고 있다. 직장인이라면 누구보다 가장 잘할 수 있는 일이다.

보고라는 포맷에는 보고서라는 일정한 양식과 방법도 존재한다.

그렇다면 세부 주제인 세계 지리에 대한 큐레이팅 과정을 한 장의 보고서처럼 요약해서 전달하면 어떨까? 정말 회사에서 쓰는 보고서 양식처럼 만드는 것이다. 수많은 세계 지리 정보 중 해당 회차에 그 내용을 선정한 배경과 목적도 써 넣고 광범위한 지식을 요약해 개요만 살펴봐도 대략적으로 이해할 수 있게 구성하는 것이다. 그러면 분류나 관리도 쉽고, 전달이나 이해하기도 수월하다. 가볍지만 넓게 세계 지리를 알고 싶어 하는 사람에게 이보다 더 좋은 자료가 있을까?

또 회의라는 포맷도 대입시켜보자. 회의 포맷의 특징은 대화다. 세계 지리를 일방적으로 전달하는 것이 아니라 질의응답하듯이 구성하는 건 어떨까? 오늘의 의제를 정하고, 가상의 토론을 펼치고 결론을 내는 것이다.

[아이패드 드로잉] - [동물 그리기] - [쉽게] - [배달 음식]

이 같은 키워드 연결도 굉장히 어색하다. 세부 주제는 동물 그리기다. 배달 음식 포맷의 핵심은 집 앞까지 가져다주는 것이다. 아이패드로 동물 그리는 방법을 배달한다면 어떨까? 호랑이 그리는 걸 알려준다면 호랑이를 배달하는 것이고, 토끼 그리는 것을 알려준다면 토끼를 배달하는 것이다. '음식 배달 갑니다'가 아니라 '오늘은 토끼 배달 갑니다, 내일은 호랑이 배달 갑니다'가 되는 것이다. 구성 방향이 '쉽게'로 잡혔으니 드로잉을 배우는 과정도 배달 음식을 주문해 먹듯, 간단하게 그럴싸한 동물을 그리는 내용으로 구성하면 좋다. 배달 콘셉트이기에 배달앱처럼 메뉴와 가격을 디자인해 노출한다면 훨씬 더 큰 관심을 끌 것이다. 이렇게 '아이패드 드로잉 과외'라는 단순한 내용이 '직접 그린 동물을 만나볼 수 있는 시간을 배달해드립니다'로 완전히 바뀐 것이다. 이처럼 반대의 키워드 포맷을 생각해보고 대입시켜보자. 분명 최초화가 가능하다. 가능한 정도가 아니라 넘쳐난다.

그럼 여기서 이런 질문을 할 수 있다. "로데이터에 있는 키워드 말고 그냥 아예 언급도 안 된 다른 키워드를 넣고 그 포맷을 가져오면 훨씬 편하고 간단하지 않을까?" 좋은 접근이긴 하지만 놓치고 있는 것이 있다. 로데이터 안에서 서로 반대편에 있다고 생각해 적어 넣은 키워드도 바로 당신의 애매한 재능이란 것이다.

신간 서적 구경은 나에게 애매한 재능이다. 그 말은 내가 조금 더 잘 알고 좀 더 관심 있고 좀 더 흥미를 느낀다는 의미다. 따라서 신간 서적으로 포맷을 찾거나 콘텐츠를 구성할 때 훨씬 더 수월하다. 즉, 잘하는 것과 잘하는 것, 잘하고 싶은 것과 관심 있는 것을 합치는 것이 핵심이다. 세계 지리 큐레이팅도 마찬가지다. 보고서 만드는 일은 직장인이라면 매일같이 지겹도록 하는 작업이다. 아이패드 드로잉, 배달 음식도 같은 맥락이다.

배달 음식을 로데이터에서 키워드로 뽑을 정도였다면 이미 배달 음식에 대한 정보나 운영에 대한 이해도가 상당한 것이다. 다시 말해, 반대되는 키워드를 가져와 포맷을 뽑아내려면 그 키워드 자체에 익숙해야 한다. 클래식 연주를 한 번도 본 적이 없는데 포맷으로 가져올 수는 없는 일이다. 물론 이러한 과정과 연결 작업에 익숙해지면 어떤 분야에 대해서 잘 알지 못해도 특징적인 부분을 차용할 수 있다. 하지만 지금 우리는 그렇지 않다. 조바심 내지 말고 자신의 애매한 재능에서부터 차근차근 시작해보자.

내 애매한 재능을
사람들이 좋아하게 만드는 법

앞서 나온 사례들을 통해 애매한 재능을 최초화되고 매력적인 콘셉트로 구성하는 방법을 살펴봤다. 하지만 아직까지 직관적인 이해일 뿐이다. 즉, '아, 저렇게 하면 재밌겠다' 싶은 느낌의 수준이다. 물론 그것이 중요하다. 직관적으로 이게 재미있겠다거나 궁금하다는 느낌이 먼저다. 그러한 직관성에 사람들이 즐기고 좋아해야 할 논리와 근거를 가볍게 더해준다면 훨씬 더 좋다. 심지어 어떤 프레임으로 논리와 근거를 짜느냐에 따라 당신의 애매한 재능이 재미없고 별로라고 생각한 사람마저도 설득시켜 팬으로 만들 수 있다. 만약 내 말에 의구심이 든다면 다음 사례를 통해 한 걸음 더 다가서보면 좋겠다.

보통 사람들은 잘 모르는 품목의 물건을 구매할 때 시장에서 1등인 제품을 산다. 2등보다 1등을 더 신뢰하기 때문이다. "에이 뭔가 더 좋으니까 1등이겠지." "사람들이 더 많이 쓰는 이유가 있을 거야."와 같이 생각하는 데 익숙하다. 그렇다면 1등보다 2등을 더 좋아하게 만들 수는 없을까? 1등보다 2등을 더 신뢰하게 할 수는 없을까?

"에이비스는 2등 렌터카 업체입니다. 그래도 사람들이 우리를 찾는 이유는 뭘까요?" AVIS is only No2. in rent a cars. So why go with us?, "우리는 2등입니다. 그래서 더 열심히 일합니다." We are number two. Therefore, we work harder. 미국의 렌터카 회사 에이비스가 1963년에 사용한 광고 문구다. 말 그대로 자신들이 1등이 아닌 것을 밝히고, 더 노력해야 한다고 호소하고 있다. "우리는 2등이니까 열심히 할 수밖에 없다. 청소하지 않은 차를, 정비하지 않은 차를 고객에게 줄 수 없다. 왜냐면 우리는 2등이니까. 최선을 다할 수밖에 없다."고 말하는 그들의 말에 60년이 지난 지금도 고개가 끄덕여진다. 그리고 해당 문구를 접하는 순간, 외면하는 것이 아니라 호기심을 갖게 된다. 실제로 그들의 전략은 큰 효과를 가져왔다.

사실 에이비스는 업계 2등이 아니었다. 시장점유율은 2~3퍼센트대에 불과했고 광고 진행 전 시기의 영업 적자는 125만 달러에 달했다. 반면 업계 1위 허츠Hertz는 70퍼센트가 넘는 시장점유율을 확보하고 있었다. 하지만 에이비스의 2등 마케팅이 진행된 후 상황은 달라졌다. 10년 넘게 적자 상태를 유지하던 에이비스는 당해년도에 바로 흑자로 전환되고 성장하기 시작했다. 무너지지 않을 것 같았던 허츠의 시장점유율은 1966년에 45퍼센트대까지 급락했다. 이후에 에이비스는 경쟁사의 시장점유율을 상당 부분 흡수해 실제로 2등의 위치를 거머쥔다. 그리고 이러한 2등 마케팅은 전 세계 다양한 업계에서 활용됐다.

100명 중 50등이라면 또는 꼴등이라면 어떨까? 50등, 꼴등을 신뢰할 수 있는 이유를 말하면 사람들은 납득하기 시작한다. 물론 애매한 재능으로 등수를 매기는 경쟁을 하려는 것은 아니다. 그보다는 사람들의 관심을 받는 법에 대해서 알아야 한다. 내가 가장 편하게 잘하고 자연스레 오래 할 수 있는 것은 애매한 재능이다. 만약 '이걸 누가 좋아할까?'라고 의심된다면 자신의 애매한 재능을 버리고 다른 일을 찾을 것이 아니라 자신의 애매한 재능을 사람들이 좋아해야 할 이유를 찾고 구성하고 전달해야 한다. 에이비스가 "우리는 시장점유율이 채 5퍼센트도 안 된다. 사람들이 우리를 좋아하지 않으니까 다른 일을 찾자."고 생각한 것이 아니라 2등이라서, 꼴찌라서 신뢰할 수 있는 이유와 전략을 펼친 것처럼 말이다. 내가 잘하는 걸 지키기 위해서, 내가 잘 아는 걸 계속 하기 위해서 말이다. 그 방법을 지금부터 이야기하려는 것이다.

먼저 대중에게 '당신은 이런 것을 좋아하고 이런 것을 싫어한다', '이것은 이렇다, 저것은 저렇다'라고 먼저 설정해줘야 한다. 고객이 평가 기준을 정하기 전에 먼저 던져주는 것이다. 이를 통해 생각의 흐름을 당신 쪽으로 가져와야 한다. 그리고 그 기준에 맞춰 검증하는 방향으로 가야 한다. '선 정의, 후 검증' 방식이다. 에이비스 이야기로 잠시 돌아가보자. 에이비스는 '뒤처져 있기에 더 열심히 한다'라는 명확한 기준을 정하고 대중에게도 자신들의 위치를 2등이라고 전달했다. 그래서 자신들은 더욱더 열심히 청소를 하고 정비도 한다고 공표한 것이다. 만약 아무런 기준 제시도 없이 "우리는 정비도, 청소도 더 열심히 합니다. 곧 1등을 따라 잡을 겁니다."라고 했다면 그저 1등을 쫓아가는 업체로만 기억됐을 것이다.

면접을 보는 개인의 사례로 대입해보자. 면접은 다른 사람에게 자신의 재능을 증명하고 긍정적인 호기심을 일으켜야 하는 과정이다. 대부분 "안녕하십니까! ○○○을 가진 인재, ○○○인 지원자 ○○○입니다 / 저는 이렇고, 저런 사람입니다 / 저의 이런 역량과 경험은 ○○회사와 ○○직무에서 훌륭한 역할을 해낼 것입니다 / 이를 통해 저는 ○○○의 미래를 꿈꿉니다."와 같은 흐름으로 자기 소개를 한다. 표현 방법은 조금씩 달라지지만 형식 면에서 큰 차이는 없다. 그런데 이런 식으로 진행하면 안 된다. 내 능력을 정의하기 전에 그 사람들이 알아야 할 기준을 말해줘야 한다.

물론 면접관들에게도 면접자를 평가하는 정형화된 기준 같은 것이 있다. 하지만 완벽할 것 같은 기준에도 잘 살펴보면 아직 정해지지 않은 틈 같은 부분들이 있다. 면접관을 뽑아 사전에 교육을 하는 것도 기준의 빈틈을 가급적 없애기 위해서다. 만약 면접 당사자가 면접 기준의 빈틈을 파악하고 먼저 정의해 채울 수 있다면 면접의 흐름을 주도할 수 있다. 하지만 대부분은 그 반대로 행동한다. 면접관도 납득할 수 있고 자신에게도 유리한 판단 기준을 먼저 인식시키기보다 무턱대고 자신의 재능과 능력을 알리는 데만 집중한다.

[예시1]

저는 사과를 빨리 먹을 수 있습니다. (그래서 뭐?) 이것은 당신들에게 ○○○을 제공하고 ○○의 효과를 줄 것입니다. (근데 사과뿐만 아니라 포도도 빨리 먹는 지원자가 더 좋지 않을까? 다른 지원자는 포도도 잘 먹던데.) 그렇기에 저는 당신들에게 반드시 필요한 사람입니다. (반드시 필요한지는 조금 더 고민해봐야겠는데?)

[예시2]

당신들은 이런저런 이유로 사과를 빨리 먹는 사람이 필요합니다. (그래 맞아.) 그럼 제가 사과를 정말 빨리 먹는지 살펴볼까요? (좋아, 나도 궁금해.) 이런저런 지난 경험과 자질을 통해 사과를 빨리 먹는 걸 확인했습니다. (그렇긴 하네.) 이런 저는 당신들에게 ○○○을 제공하고 ○○○의 효과를 줄 것입니다. (다른 건 또 없어? / 정말 그래?)

두 대화의 핵심 내용은 똑같다. "나는 사과 빨리 먹는다. 그러니 뽑아달라."이다. 그런데 예시 1은 의구심으로 끝나고, 예시 2는 궁금증으로 끝난다. 왜 그런 걸까? 앞서 말했듯 면접관의 평가 기준 혹은 검증 기준을 명확히 해줬느냐, 아니냐의 차이다. 상대의 호기심을 일으키기 위해선 그 사람이 갖춰야 할 타당한 인식의 틀을 명확하게 기준화해주는 것이 중요하다. 그리고 그 기준을 나에게 유리하게 구성해 전달하는 프레임이 필요하다. 이를 애매한 재능 활용법에 대입해보면 다음과 같은 과정으로 정리된다.

① A라는 사람은 B, C, D를 고려했을 때 E라는 콘텐츠가 필요하다 (선 정의)
② 그렇다면 나의 콘텐츠가 B, C, D를 충족하는 E라는 콘텐츠가 맞는지 확인해보자. (검증 기준 제시)

③ 이런저런 이유로 B, C, D를 모두 충족한다. 나는 E 콘텐츠다. (후 검증)

앞에서 나왔던 로컬의 공간 정보를 신간 서적 형태로 소개하는 방법을 가져와 살펴보자.

① 여행을 즐기는 사람, 또는 예쁜 공간에 머무르는 것을 좋아하는 사람은 그것이 취미 생활이기 때문에 자주, 다양하게 공간을 찾아다닌다. 공간 투어는 앉은자리에서 즐기는 것이 아니라 직접 찾아다니고 움직이기 때문에 정보의 신뢰성이 더욱 중요하다. 하루에도 여러 곳을 다니는 경우도 많아 빠르고, 다양하고, 쉽고, 정확하게 정보를 알길 원한다. 서점의 베스트셀러 시스템(포맷)은 여기에 딱 부합한다. 구매 데이터, 전문가 추천 등을 통해 신뢰성 높은 좋은 책을 빠르고, 다양하고, 간단하고 정확하게 소개한다. (선 정의)

② 그렇다면 나의 애매한 재능 콘텐츠가 신속성, 다양성, 간편성, 정확성을 지닌 공간 소개 방법인지 확인해보자. (검증 기준)

③ 도서처럼 주차별 또는 월별로 콘텐츠를 업데이트할 것이다. 베스트셀러처럼 카테고리별(지역, 종합, 시간 등)로 구분해 해시태그, 이용 평점이 높은 상위 공간을 선별해 소개할 것이다. 홈페이지 정면에 베스트셀러 공간을 책표지처럼 각각 디자인해 서점에 들어선

것처럼 콘텐츠를 한눈에 볼 수 있게 할 것이다. 이를 통해 콘텐츠의 다양성, 정확성을 확보하고, 고객들에게 간편성, 신속성을 제공한다. 즉, 신간 서적 포맷을 차용해 앞선 4가지를 충족시킨다.

이 과정을 통해 로컬의 공간 정보를 신간 서적처럼 소개하는 작업이 직관적으로 재미있을 것 같다는 느낌에서 그치는 것이 아니라 구체적인 필요성을 가지게 된다. 사람들이 당신의 애매한 재능을 좋아해야 할 이유, 필요한 이유를 이렇게 구체화해야 한다. 그러면 자연스레 무엇을 어떻게 준비해야 하는지에 대한 운영의 참고 기준이 되기도 한다.

애매한 재능 활용법의 첫 시작을 떠올려보자. "어떻게 로컬이랑 신간 서적이랑 연결한다는 거야?" 서로 관계없어 보이는 것을 연결해서 사람들이 좋아하고 납득할 만한 콘텐츠로 운영한다는 데 의문을 가질 수 있다. 하지만 지금 와서 보면 이것보다 더 적합하고 어울리는 매칭법은 없을 것 같다는 생각마저 든다.

선 정의, 후 검증의 사례를 한 가지 더 들어보겠다.

"지금 교실에 앉아 있는 학생 여러분이 세탁기를 파는 사람이라고 가정해보죠. 손님이 200만 원짜리 세탁기를 사러 왔어요. 그 사람을 잘 설득해서 200만 원짜리가 아닌 250만 원짜리 세탁기를 사게 하려면 어떻게 해야 할까요?"

"교수님! 우선 손님이 원하는 게 뭔지 충분히 듣고 200만 원과 250만 원짜리 제품의 차이를 굉장히 자세하게 비교해 설명하면 어떨까요?"

"음, 저 같으면 먼저 250만 원짜리를 권유한 후, 200만 원짜리를 나중에 설명하겠습니다. 사람도 첫인상이 중요하듯, 첫 번째 제품을 임팩트 있게 설명해 구매를 유도하겠습니다."

"사은품을 잔뜩 주거나 가격 할인을 진행하는 것은 어떨까요?"

"좋아요. 나쁘지 않은 아이디어들이네요. 그런데 여러분의 방법은 결코 좋은 전략이 될 순 없어요."

"네? 왜 그렇죠?"

"왜 그런지 말씀해주세요. 그래도 이런 방법들 중에서 하나는 쓸모 있지 않을까요?"

"여러분들은 경청하거나 남다르게 설명하여 특별한 혜택을 제공한다고 했어요. 쉽게 말해서 상대를 구워삶는 방법은 여러 가지인데 그 방법엔 좋지 않은 공통점이 있죠. 일반적인 사람들의 공통점이기도 합니다. 그건 결국 고객을 설득하겠다는 거예요. 그런데 고수들은 다릅니다. '설득'이 아니라 오히려 고객이 '요청'하게 만들죠. 쉽게 말해 250만 원짜리가 어떤 제품일지 고객이 궁금해하도록 만든다는 겁니다. 어떻게? 이것저것 자질구레한 설명이 붙은 '제안'

이나 '권유'가 아니라 깔끔하게 핵심만 남겨둔 '질문'을 던지죠."

"네? 어떤 식으로요?"

"그게 가능한가요?"

"간단해요. 먼저 고객이 판매원에게 자신이 원하는 디자인, 기능, 가격 등을 이야기하겠죠. 그것을 충분히 들은 후 판매원은 제품에 대한 언급 없이 이렇게 질문하는 겁니다. '고객님, 혹시 지금 생각하시는 가격에 50만 원만 더 보태서 구매하실 의향이 있으신가요?' 라고요. 그럼 고객의 반응은 둘로 나뉠 거예요. 의향이 있다고 하거나 없다고 하거나. 그런데 그런 반응 후에 이어지는 태도는 하나입니다. '그런데 뭐 때문에 그러는 건데요?' 혹은 '50만 원 보태면 뭐가 많이 달라지나요? 한번 들어나 봅시다.' 이렇게 자연스럽게 판매자가 자신에게 던진 질문의 '이유'를 알고 싶어 하게 된다는 것이죠. 결국 그 '이유'라는 것은 250만 원 제품에 대한 설명에 불과해요. 하지만 사람들은 자신이 생각하지 않던 제품의 설명을 듣는다고 느끼지 않고 자신이 궁금해하는 것에 대한 이유를 듣는다고 느끼게 됩니다. 250만 원짜리 제품에 대한 똑같은 설명을 하는데도 듣는 태도와 집중도는 앞의 경우와는 전혀 달라진다는 거예요."

"우와, 정말 그게 효과가 있어요?"

"당연하죠. 정보와 광고의 차이가 무엇일 것 같아요? 필요한 내용이냐(정보), 필요 없는 내용이냐(광고)의 차이입니다. 그럼 좋은 정보냐, 평범한 정보냐의 차이는 뭘까요? 상대가 궁금해하는 내용이냐, 아니냐의 차이예요. 결국 상대에게 설명할 내용이 광고나 상업적 권유가 아니라, 자신이 알고 싶은 정보라고 상대가 스스로 인식하게 한다면 결과가 판이하게 달라지는 거예요. 충분히 이해되겠죠?"

이 대화는 내가 대학 시절 〈비즈니스 협상론〉 수업에서 교수님이 학생들에게 퀴즈를 내듯 협상의 요령을 전달해준 내용을 정리한 것이다. 여기서도 호기심을 만들어 상대방의 반응을 먼저 이끌어내는 것은 "50만 원 더 쓸 수 있냐?"라는 물음 속에 숨은 "50만 원 더 쓰면 확실히 달라져요."라는 선 정의다.

지금까지 무엇을 하고 싶은지(키워드), 그중에 어떤 것을 더 잘할 수 있고(세부 주제), 어떤 식으로 전달할지(구성 방향)에 대해 생각해봤다. 나아가 어떻게 완성해낼지(콘셉트 & 최초화)도 고민해 구성했다. 여기까지 왔다면 콘텐츠를 어떤 플랫폼과 방법으로 디자인하고 실행할지 대략적으로 그림이 그려질 것이다. "영상보다는 글로 쓰는 게 좋겠다." "이걸 하려면 디자인이 참 중요하겠다." "온라인보다는 오프라인 커뮤니티로 운영하면 더 재밌겠다."와 같이 말이다. 하지만 아직 제대로 애매한 재능 활용법을 체화했다고 보기에는 어렵다. 애매한 재능 활용법을 통해 애매함을 무기로 만들기 위해서는 한 가지 과정이 더 남았다.

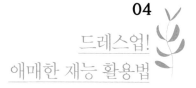

04

드레스업!
애매한 재능 활용법

체화:
확실하게 내 것으로 만들기

중국 춘추전국 시대, 혼란스러운 시기였던 만큼 각 나라의 왕과 귀족들은 세력을 키우기 위해 전국 각지에서 수많은 인재들을 모았다. 그중에서도 제나라의 맹상군孟嘗君이란 인물은 자신을 찾아온 이들을 함부로 내치지 않고 잘 대접했다. 어느 날 초라한 행색을 한 식객 두 명이 찾아왔다. 맹상군이 그들에게 물었다.

"그대는 어떤 재주를 가지고 있소?"

108

Part 2
애매한 재능, 발견하고 장착하는 법

"저는 닭 울음소리를 잘 냅니다."

"저는 개 흉내를 잘 냅니다."

옆에서 이 말을 듣던 다른 이들이 그것도 재주냐며 크게 비웃었다. 하지만 맹상군은 그런 재주도 쓸 일이 있을 거라 생각해 그들을 받아들였다. 그 후 맹상군은 제나라 왕의 명령을 받아 진나라로 가게 됐다. 이때 자신이 거느린 식객 여럿이 동행했다. 진나라의 소왕은 맹상군이 무척이나 맘에 들어 재상으로 삼으려 했다. 하지만 제나라 사람인 그가 신임을 받자 진나라 신하들이 시기하며 반대했다. 그리고 제나라 사람을 등용해 권력을 가지게 하면 제나라만 챙기고 진나라를 위협할 것이라 모함하며 당장 그를 죽여야 한다고 말했다.

소왕은 진나라 신하들에게 설득당해 맹상군과 일행을 죽일 기회를 엿보고 있었다. 맹상군도 분위기가 심상찮다는 것을 눈치채고 빠져나갈 궁리를 했다. 이때 소왕의 애첩에게 소왕을 설득해 자신들을 살려달라고 요청했다. 애첩은 요구를 들어주는 대신 여우 가죽으로 만든 호백구라는 귀한 옷을 달라고 했다. 하지만 그 옷은 이미 진나라에 도착했을 때 소왕에게 선물로 바친 것이었다. 모두들 고심하고 있던 때에 개 흉내를 잘 내던 식객이 말했다.

"제가 훔쳐 오겠습니다. 걱정 마십시오."

식객은 궁중 창고로 숨어들었다. 그리고 경비병들에게 들킬 위기 때마다 개 흉내를 내며 다른 쪽으로 시선을 끌어 무사히 호백구를 훔쳐 나왔다. 호백구를 건네받은 애첩이 소왕에게 그들을 죽이면 안 된다고 이야기해 맹상군 일행은 궁궐을 빠져나올 수 있었다. 그리고 그들은 진나라를 벗어나기 위해 국경으로 향했다.

하지만 맹상군 일행은 또 한 번의 위기를 맞이하게 된다. 날이 밝기 전이라 국경의 관문이 열리지 않았던 것이었다. 한편 맹상군 일행이 궁궐을 빠져나갔다는 소식을 들은 진나라 신하들은 그들을 살려서 보내면 큰 후환이 될 것이라 생각해 뒤를 쫓고 있었다. 국경의 관문은 열리지 않고, 추격대가 쫓아오는 다급한 상황에 모두 발을 동동 구르고 있었다. 그때 닭 울음소리 흉내를 잘 내던 식객이 '꼬기오~' 하며 닭 울음소리를 내기 시작했다. 그 울음소리에 동네 닭들도 같이 울기 시작했다. 그러자 닭 울음소리를 들은 경비병은 동틀 무렵이 됐다고 생각하고 관문을 열었다. 결국 맹상군 일행은 진나라 탈출에 성공했다. 하찮다고 여기던 재주를 지닌 식객 덕분에 꼼짝없이 죽을 뻔한 위기를 무사히 넘긴 것이다. 이 일화에서 유래한 사자성어가 바로 '계명구도_{鷄鳴狗盜}'다. 닭 '계', 울 '명', 개 '구', 훔칠 '도', 즉 "닭 울음소리를 내고 개를 흉내 내어 도둑질을 한다."라는 뜻이다. 하찮은 재주도 쓸모 있다는 것이다.

하찮아 보이는 재주가 쓸모 있어지면 더 이상 하찮은 재주가 아니다. 나아가 그 재주로 내 목숨을 구하고 원하는 설렘, 꿈을 만들

Part 2
애매한 재능, 발견하고 장착하는 법

수 있다면 그건 특출한 재능이다. 그리고 우리는 별 볼 일 없어 보이는 재주와 재능을 언제든지 쓸모 있는 특별한 재능으로 탈바꿈시킬 방법을 알고 있다. 이게 중요하다. 따라서 애매한 재능을 쓸모없는 재주를 가진 식객 취급하면 안 된다. 그보다는 맹상군이 되어야 한다. 우리 스스로 맹상군이 되어 별 볼 일 없어 보이는 재능을 품고 보듬어 언제든지 활용할 수 있는 무기로 만들어야 한다.

그러기 위해서는 애매함을 무기로 바꿔줄 '애매한 재능 활용법'을 이해하고 숙지하는 수준에서 더 나아가 탄탄하게 장착해야 한다. 애매한 재능을 무기로 바꿔 장착한다는 의미는 숙지나 이해를 넘어 체화시키는 단계를 말한다. 자유롭게 응용하고 활용할 수 있는 수준으로 온전히 체화시키려면 어떤 과정이 필요할까?

앞서 애매한 재능이 무엇인지 확인하고 그것을 활용하는 구체적인 방법을 살펴봤다. 이를 통해 개인이 가진 애매한 재능을 하나씩 조립하며 완성품을 만들었다. 마치 수학 공식에 맞춰 순서대로 문제를 풀듯이 답을 찾은 것이다. 하지만 무언가를 온전히 체화시켜 내 것으로 만들기 위해서는 다른 사람들이 완성한 완성품을 보며 거꾸로 분해하고 역산할 수 있어야 한다. 1부터 10까지의 프로세스를 순서대로 이해하고 응용하는 것에서 나아가 완성된 10을 보고 다시 9, 8, 7, … 1로 분해하고 분석할 수 있어야 한다. 쉽게 말해 다른 사람들이 완성한 사례를 분석해서 내 것으로 만드는 힘이 있어야 한다는 것이다.

꼭 애매함을 활용하지 않더라도 기발하고 독특한 생각으로 대중들의 마음을 사로잡고 자신이 원하던 일을 해낸 사례라면 모두 포함된다. 그것이 어떤 평범함에서 시작됐고 어떻게 구성됐는지 역으로 찾고 파악하다 보면 본인이 가진 것에 대해서도 더 깊이 이해할 수 있게 된다. 번뜩이는 생각, 타고난 아이디어라고만 설명되어 깊이 파악하지 못했던 타인의 훌륭한 사례를 애매한 재능 활용법이란 프로세스에 넣어 분류하고 분석해 구체적으로 이해할 수 있는 힘으로 키우는 것이다. 바로 그 힘을 기르는 것이 '애매한 재능 활용법'을 제대로 체화시키는 과정이다. 그렇다면 본격적으로 다른 사람들의 기발한 사례가 어떤 과정으로 이뤄졌는지 애매한 재능 활용법으로 이해해보자.

쓰레기를 주워 담아 관광 상품으로 판매한 사람

일반적으로 관광 상품, 기념품 하면 떠오르는 것들이 있다. 열쇠고리, 지역 특산물, 랜드마크가 새겨진 옷, 컵 등 여러 생활용품들이 대표적이다. 그런데 누군가 관광 상품으로 그 지역 쓰레기를 내놓는다면 어떨까? 하나같이 말도 안 된다고 할 것이다. 그런데 실제로 판매된 적이 있다. 그것도 전 세계 30여 개국으로 1,300개 이상 판매됐다. 내용물에 따라 1개당 50달러, 한정판은 100달러까지 가격이 책정됐다고 한다. 도대체 이런 일이 어떻게 가능한 걸까?

뉴욕에서 활동하는 저스틴 기그낙Justin Gignac이란 아티스트이자 기업가가 있다. 그는 쓰레기를 줍고 투명 큐브에 넣어 사인을 하고 사진을 찍어 온라인에서 '뉴욕 쓰레기Garbage of New York City'라는 작품으로 판매했다. 내용물을 보면 스타벅스 컵, 브로드웨이 티켓, 과자봉지 등이 담겨 있다. 또 연말 시기에 타임스 스퀘어에서 주운 쓰레기, 뉴욕 양키스 승리 퍼레이드 때 담은 쓰레기, 오바마 대통령 취임식 때 주운 쓰레기 등 특별한 날 주운 쓰레기를 담은 한정판을 내기도 했다. 그는 버려진 쓰레기에 뉴욕 이야기라는 새로운 가치를 담아냈다. 사람들은 왜 이런 것을 사는 것일까? 도대체 이게 어떻게 가능했던 것일까? 이 또한 애매한 재능 활용법으로 충분히 분석할 수 있다.

우선 단번에 알 수 있는 특징이 있다. 관광 상품과 쓰레기를 합쳐 최초화했다. 그리고 뉴욕이 가진 상징성을 활용해 그것을 구매하고 좋아해야 할 분명한 이유를 만들었다. 뉴욕은 세계적 문화 공연, 전시, 패션쇼들이 열리는 문화, 경제, 예술의 세계적 허브다. 누구나 뉴욕에 대한 동경을 가지고 있다. 따라서 누구나 동경심을 느낄 수 있는 문화가 뉴욕 쓰레기에 담겨 있다는 논리 프레임을 만들어 활용한 것이다. 애매한 재능 활용법에서 나온 최초화 과정, 프레임 설정이 잘 녹아 있는 논리다. 물론 저스틴 기그낙이 지금 우리가 다루고 있는 애매한 재능 활용법을 사용했을 리는 없다. 하지만 그가 뉴욕 쓰레기를 구상하고 생각해낸 번뜩이는 아이디어가 어떤 구조와 과정을 통해 탄생했는지 추측해볼 수 있다. 이것을 애매한 재능 활용법 4단계에 대입해보자.

[산책] - [쓰레기줍기] - [기발하게] - [기념품]

만약 그동안 이런 사례를 보면서 "아, 기발한 사람이네. 저런 사람은 타고났나 봐." 하고 넘겼다면 이제부터는 "아, 이렇게 최초화하고 이런 프레임을 활용했구나. 그리고 이런 과정을 거쳤겠구나." 하는 분석이 가능할 것이다.

애매함을 넘어 불리함을 기발함으로 만든 곰발커피

중국 상하이에는 길이가 150미터쯤 되는 용캉루 永康路라는 거리가 있다. 이곳 풍경은 상하이 하면 떠오르는 멋진 건물들과는 거리가 멀다. 오래된 옛 건물들이 들어서 있고 그 건물들 틈에 아기자기한 카페와 식당들이 자리하고 있다. 가벼운 브런치를 즐기고 햇살을 맞으며 커피 마시기 좋은 곳으로 인식되고 있다. 누군가는 상하이의 성수동이라고 부르고, 또 다른 누군가는 이국적인 음식점과 가게가 많아 상하이의 이태원이라고도 부른다. 각자가 느끼는 바는

다르지만 용캉루를 다녀온 사람들은 하나같이 매력적인 곳으로 기억하고 있다.

최근에 용캉루를 뜨겁게 달군 카페가 있다. 간판이나 출입문도 없고, 주문도 QR코드로만 해야 하는 곳이다. 카페에 앉아서 먹을 수도 없고 테이크아웃take-out만 가능하다. 완성된 커피를 건네는 창구도 하나여서 오랜 시간 기다려야 한다. 즉, 이 카페에서는 직원과 대면하거나 대화를 절대 나눌 수 없다. 그런데도 중국은 물론 아시아 여러 국가에 소개될 만큼 화제가 되고 있다. 사람들은 왜 이 카페에 열광하는 것일까?

일반적으로는 "도대체 얼마나 맛있는 커피기에 그렇게까지 유명한 거야?"라고 생각할 것이다. 하지만 인기의 비밀은 맛이 아니다. 카페 이름은 비일상이라는 뜻의 '히니치조우Hinichijou'지만 '곰발커피'로도 불린다. 손님이 커피를 주문하면 벽에 뚫린 자그마한 창구를 통해 곰발이 전해주기 때문이다. 물론 진짜 곰발은 아니다. 복실한 털이 잔뜩 나 있는 곰발 장갑을 낀 종업원의 손이다. 곰발은 커피를 주면서 손가락으로 브이v를 그리기도 하고 손님의 머리를 쓰다듬기도 한다. 때론 커피와 함께 장미꽃을 준다. 여기까지 들으면 "음, 좋은 아이디어네." 하고 그칠 것이다. 카페를 운영하는 사람들에게 주목할 필요가 있다. 커피를 만드는 직원은 청각 장애인이다. 그리고 곰발 장갑을 끼고 사람들에게 커피를 건네는 직원은 얼굴에 화상 흉터가 있는 직원이다.

매번 고객과 대면해 주문을 받고 요청 사항을 빠르게 접수해 서비스를 제공해야 하는 카페의 특성을 고려하면 청각 장애인과 얼굴에 화상 흉터가 있는 사람이 카페에서 일하기란 쉽지 않은 일이다. 하지만 그들은 곰발커피라는 콘셉트 하나로 본인들이 가진 문제들을 단번에 해결했다. 고객과 대면하기 어렵고, 고객의 주문을 들을 수 없다는 한계점을 간단하게 해결한 것이다. 오히려 그러한 한계를 역이용해 카페만의 매력으로 변화시켰다.

그렇다면 고객과 대면하지 않고 커피를 전하는 곰발커피라는 최초화된 콘셉트는 어떤 과정을 통해 나온 걸까? 그들이 가진 불리하고 어려운 여건은 '장애와 흉터'였다. 그런 여건을 가지고 있기 때문에 가장 힘든 세부 사항은 고객과 '대면하는 것'이었다. 그들은 비대면으로 서비스해야 하는 상황에서 사람들이 낯설게 느끼지 않고 '신기하고 재밌게' 느낄 방법을 고민했을 것이다. 여기에 전혀 어울릴 것 같지 않은 '곰발'이라는 키워드를 연결했다.

[장애와 흉터] - [대면의 어려움] - [신비롭게, 재미있게] - [곰발]

그렇게 고객이 주문한 커피를 곰발만 내밀어 비대면으로 전달하는 곰발커피라는 최초화된 콘셉트와 상품을 만들 수 있었을 것이다.

7층이란 애매한 위치를 '놀이'로 전환시킨 샌드위치 가게

이번에는 호주의 특별한 샌드위치 가게를 살펴보기로 하자. 일반적으로 샌드위치 가게 하면 1층이나 2층에 있을 거라고 생각한다. 지상에 있어야 고객의 눈에도 잘 띄고 지나가던 고객들이 가게로 쉽게 들어올 수 있기 때문이다. 그런데 호주의 이 샌드위치 가게는 7층에 있다. 참 애매하다. 장사를 못할 건 아닌데 그렇다고 잘되기도 힘든 조건이다. 샌드위치 사러 누가 7층까지 올라가겠는가. 그런데 이 가게는 자신들의 불리한 조건을 탁월하게 활용했다.

가게 이름은 '재플슈츠 Jafflechutes'다. 재플 Jaffle은 호주에서 샌드위치를 이르는 말이고, 슈츠 Chutes는 낙하산 Parachutes을 의미한다. 눈치 빠른 사람들은 예상했겠지만 이 가게에서는 고객이 주문한 샌드위치를 낙하산에 매달아 7층에서 내려보낸다. 그리고 온라인으로 주문한 고객은 낙하산에 매달려 내려오는 샌드위치를 점프해 받는다.

고객들이 주문을 하고 샌드위치를 받는 과정은 단순한 소비 행위가 아니라 하나의 놀이다. 자신이 주문한 음식이 하늘에서 낙하산을 달고 내려온다고 생각해보라. 그리고 그것을 신나게 낚아채는 것이다. 7층에서 내려오는 샌드위치를 받는 경험을 누리고자 1층 골목에 사람들이 줄지어 선 풍경도 펼쳐진다. 상식을 깨는 입지 조건과 불리함을 사람들이 즐길 수 있고 매력을 느끼는 요소로 전환

시켰다. 장사하기에 불편하고 애매한 7층이란 위치가 오히려 그들만의 무기가 된 것이다.

재플슈츠가 탄생하게 된 과정을 애매한 재능 활용법으로 분석해보자. 그들에게 7층이란 입지는 애매함이었다. 그리고 애매함이 세부적으로 가져오는 불편함은 주문의 어려움, 방문의 어려움이다. 그들은 자신들이 가진 불리한 조건을 재미있게 받아들일 수 있도록 구성 방향을 잡았고, 낙하산이란 키워드를 가져와 낙하산 샌드위치라는 최초화된 콘셉트를 만들었다. 이 최초화 콘셉트를 기반으로 샌드위치를 주문하는 과정을 놀이로 바꾼 것이 신의 한 수였다.

[7층] - [방문의 어려움] - [재미있게(놀이)] - [낙하산]

'특별함'은 생각보다 특별하지 않다. 곰발로 커피를 내어주는 것, 샌드위치를 낙하산에 매달아 던져주는 것. 각각의 요소를 떼어놓고 보면 평범하지만 각 요소들이 합쳐지면서 재미있는 콘셉트가 된다. 맛있는 커피를 내리는 것, 건강하고 맛있는 샌드위치를 만드는 것만이 제일 중요한 재능이라면, 두 가게는 사람들이 그토록 열광할 만큼 뛰어나지 않을지도 모른다. 하지만 사람들은 호기심을 가지고, 관심을 갖고, 열광한다. 우리의 애매함도 이렇게 활용할 수 있어야 한다. 나도 직장 생활을 예술 활동의 배경으로 활용한 직티스트(직장인 아티스트)라는 콘셉트 이외에도 삶의 여러 순간에 애매한 재능 활용법을 적극 활용했다. 지금부터는 내 사례도 함께 살펴보며 분석해보자.

지방대 휴학생이 여행한다니 대기업에서 천만 원을 줬다

만약 장기간 여행을 가는 데 필요한 비용을 누군가 후원해준다면 어떨까? 상상만 해도 기쁘지 않은가. 게다가 여행 중 한 번쯤 만나보고 싶었던 삼성전자 부회장, 부산시장 등 사회 저명인사들을 대면해 차도 마시고 이야기를 나누며 궁금한 걸 묻고 들을 수 있다면 최고의 여행이 될 것이다. 생각만 해도 저절로 미소가 지어지는 이 바람을 이루려면 어떻게 해야 할까? 어떤 배경과 재능을 갖춰야 할까?

이런 질문을 하면 대부분 피겨선수 김연아, 축구선수 손흥민처럼 한 분야의 탁월한 재능을 갖춰 독보적인 인물이 되거나, 유명한 여행 전문가가 돼야 한다고 생각한다. 또는 그러한 바람을 이룰 수 있으려면 기업이 후원할 만큼 대중의 관심을 끌 수 있는 인물, 또는 여행 테마를 찾고 운영할 정도의 능력이 있어야 한다고 생각한다.

특히 삼성전자 부회장, 부산시장 등 저명인사들을 만나려면 만남을 위한 타당한 명분이나 누구라도 호기심을 가질 만한 무언가를 갖고 있어야 할 것이다. 하물며 휴학생이란 신분, 20대라는 나이, 여행의 다양한 종류와 방법을 어느 정도 알고 있는 사람이라면 불가능할 거라고 생각하기 쉽다. 이게 일반적인 생각이다.

그렇다면 해결책은 간단하다. 내가 가진 조건과 재능만으로도 대기업이 후원하고 사회 저명인사들이 반응할 수 있는 최초화된 여행을 기획해 알리면 된다. 그리고 지금 우리가 다루고 있는 애매한 재능 활용법을 안다면 충분히 가능하다. 과연 어떻게 가능할까?

나는 오래전부터 여행을 동경했다. 하지만 현실적으로 여건이 여의치 않아 자주 떠나질 못했다. 그런 상황을 위로받기 위해서였는지 틈날 때마다 여행 다큐멘터리, 여행 서적을 즐겨 봤다. 그리고 꾸준히 지녀왔던 여행에 대한 동경은 군대 전역 이후 전국 여행을 한번 해봐야겠다는 각오로 표출됐다. 오랜 시간 여행 에세이나 여행 다큐멘터리를 많이 봐온 덕분에 혼자서 하는 여행에도 다양한 방법이 있다는 걸 알았다. 그중 나를 설레게 했던 것이 '테마 여행'이었다. 여행에 특정한 테마를 정하고 해당 테마와 관련된 기업에 홍보 제안서를 써서 여행 비용을 후원받는 방법이다. 트랙터 회사로부터 트랙터를 후원받아 전국 일주를 한 사람, 비빔밥을 세계에 알리기 위해 제안서를 만들고 기업 후원을 받아 세계 여행을 하는

팀, 이 밖에도 다양한 주제로 테마를 정해 기업 후원을 받아 여행을 떠난 사람들이 꽤 많았다. 그들이 쓴 책에는 그 과정까지 상세히 나와 있었다.

우선 여행 테마를 잡아야 했다. 이것이 가장 중요했다. 애매한 재능 활용법을 통해 구성한 여행 테마가 '열혈청년 윤상훈의 청춘들의 멘토를 찾아서 떠나는 전국 여행'이었다. 과연 이 주제는 어떻게 나올 수 있었을까?

당시 내게는 특출한 재능, 배경은 전무했다. 내가 가진 애매함은 여행에 대한 관심이었다. 직관적으로 표현하면 '전국 일주'였다. 세부 관심은 후원을 받아서 떠나는 '테마 여행'이었다. 이러한 정보들을 나 혼자 즐기는 것이 아니라 20대 또래들에게 도움이 될 수 있는 메시지, 정보로서 전달하고 싶었다. 즉, '도움이 될 수 있게'가 구성 방향이었다. 여기에 하나를 더했다. 바로 '저명인사'였다. 그렇게 구성된 초안이 '저명인사를 찾아가는 전국 일주'였다. 하지만 이것만으로는 부족했다. 왜 그들을 찾아가야 하고, 왜 그들이 나를 만나줘야 하고, 왜 기업에서 후원을 해야 하는지에 대한 구체화 작업이 필요했다. 그리고 콘셉트를 더욱 또렷하게 만들기 위해 한 번 더 애매한 재능 활용법을 사용했다.

그들이 나를 만나고 후원해야 할 이유를 구성하기 위해 활용할 수 있는 나의 애매함은 '20대 청년'이었다. 그리고 세부 사항은 '방황하는 20대'였다. 구성 방향은 '기발함'이었다. 이렇게 사전 작업을 거친 후 최초화 연결 키워드로는 인터뷰를 뽑았다. [20대 청년]-[방황하는 20대]-[기발함]-[인터뷰]를 통해 '방황하는 20대가 기발하게 인터뷰하는 활동'이란 다른 콘셉트가 나왔다. 그리고 앞서 나온 콘셉트와 합쳤다. 그렇게 해서 최종적으로 열혈청년 윤상훈의 청춘들의 멘토를 찾아서 떠나는 전국여행 '청멘찾'이 만들어졌다. 여행의 목적 자체가 인터뷰인 것이다. 그리고 그 과정을 통해서 기업이 여행을 후원하고, 저명인사가 인터뷰에 응해야 할 논리적 구조와 프레임도 명확해졌다. 단순히 한 학생이 어쩌다 한 번 만나고 싶어 찾아간다거나 평범한 대학생이 무작정 후원을 해달라는 것이 아니었다. 대한민국에서 평범하게 살아가는 20대가 방황하지 않고 길을 찾기 위해 용기 내어 진짜 여행길에 올랐고, 그 물음에 대한 응답, 후원을 요청한 것이다.

이 여행 인터뷰에 응하는 것이 '방황하는 20대 청년' 전체에 반응하는 의미로 확장된 것이다. 애매한 재능 활용법을 통해 도출해 낸 테마는 정확히 맞아떨어졌다. 테마를 정한 뒤, 후원 받았던 다른 사례들을 참고하며 여행 계획서를 만들었다. 웹디자인을 하는 친구에게 부탁해 여행 포스터와 이미지도 얼추 만들었다. 한 달 가까운 시간을 투자했고, 우여곡절 끝에 제안서를 완성할 수 있었다.

계획서가 마련되자 가장 먼저 해야 할 일은 멘토 섭외였다. 꼭 만나서 인터뷰하고 싶은 사람의 목록을 적었다. 대략 30여 명 가까이 됐다. 그들이 쓴 책, 인터뷰 내용을 찾아보고 연락했다. 하지만 쉽지 않았다. 특히 대한민국 취업준비생 모두가 입사하고 싶어 하는 삼성전자에 평사원으로 입사해 CEO가 된 삼성전자 윤부근 부회장(당시 사장) 섭외는 정말 막막했다. 그래도 하늘은 스스로 돕는 자를 돕는다고 했던가. 한창 섭외에 열을 올리던 중 윤부근 부회장이 강연을 하기 위해 부산에 온다는 소식을 접했다. 강연 내용도 청년들에 대한 이야기였다. 열 일 제쳐두고 강연장인 부산 KBS홀로 향했다. 1시간 가까운 강연이 끝나고 "질문하실 분 없나요?"라는 사회자의 말이 떨어지기 무섭게 손을 번쩍 들어 소리쳤다. "저 질문하고 싶습니다." 그 순간 KBS홀을 찾은 모든 관객이 나를 주목했다. 커다란 전광판에는 내 얼굴이 둥그렇게 떠 있었다. 마이크를 손에 쥐고 침착하게 질문했다.

"안녕하십니까, 사장님. 오늘 청년들을 위해서 좋은 말씀해주셔서 정말 감사합니다. 저는 특별한 여행을 계획 중입니다. 여행 주제는 전국을 다니며 청춘들의 멘토가 될 만한 분들을 찾아뵙고 인터뷰하는 여행입니다. 수원에 간다면 꼭 한 번 찾아뵙고 인터뷰하고 싶습니다. 가능할까요?"

나의 질문이 끝나고 청중들의 시선은 강단 위 윤부근 부회장에게 향했다.

"네. 멋진 계획이네요. 물론입니다. 비서 통해서 연락 주세요."

그 말과 함께 환호성과 박수가 터져나왔다. 나는 곧장 1층으로 내려가 비서를 찾아 명함을 전달했다. 이후 삼성전자 윤부근 부회장은 약속한 대로 바쁜 해외 출장 와중에 시간을 내어 인터뷰에 응해줬다. 그렇게 수원을 다시 방문했을 때 집무실에서 1시간가량 20대 청춘을 주제로 인터뷰를 진행했다.

또 당시 부산시장이었던 허남식 시장 섭외는 트위터 메시지 하나로 이뤄졌다. 여행 내용과 함께 인터뷰를 하고 싶다는 메시지를 트위터를 통해 보냈고 바로 승낙 답장을 받을 수 있었다. 순식간에 이루어져 어리둥절하기까지 했다. 그렇게 여행 마지막 날 부산시청에서 허남식 시장 인터뷰를 진행했다. 이 밖에도 베스트셀러 작가, 여행가, 벤처기업 CEO, 외식업 대표, 유명 화가, 소설가 등 TV나 책에서만 만나던 13명의 저명인사들을 직접 섭외하고 여행 중 만나 인터뷰할 수 있었다.

다시 여행 준비 시점으로 돌아가보자. 멘토 섭외라는 큰 산을 넘기는 했지만 끝난 것은 아니었다. 여행을 후원해줄 스폰서를 찾아야 했다. 여행하며 타고 다닐 자동차 후원이 어렵다면 자전거나 오토바이라도 후원받겠다는 생각으로 여러 기업에 연락했다. 그러던 중 SK컴즈(싸이월드)에서 일반인들의 꿈을 이뤄주는 '드림캠페인'이란 공모전을 진행한다는 걸 알게 됐다. 온라인으로 간단하게 자신의 꿈과 사연을 적어 응모하면 필요한 지원을 해주는 캠페인이었다. 꿈에 대한 분야 제한이 없고 사연 접수 형식이라 굉장히 많은 지원자들이 몰렸었다. 나도 기회를 놓칠 수 없었다. 그리고 수천 명의 참가자 중 단 한 명을 뽑는 캠페인에서 당당히 1인으로 선정됐다. 후원이 결정되고 담당자와의 미팅을 하게 됐는데, 왜 나를 뽑았는지 물어봤다. 담당자의 말로는, 사람들의 호기심을 불러일으키는 매력적인 테마 여행라는 점이 가장 컸다고 한다.

애매한 재능 활용법을 통해 가장 평범하고 애매한 조건에서 도출해낸 그 테마가 가장 큰 역할을 한 것이다. 그렇게 석 달간의 여행 기간 중 마음껏 운행할 수 있는 차량과 유류비, 여행장비, 기타 물품을 지원받았다. 이를 통해 3개월 가까운 시간 동안 돈 걱정 없이 제주도, 울릉도, 독도를 포함해 전국 수십여 개 도시를 여행했다.

물론 최초화한 콘셉트와 여행 테마만 있었다고 성공하는 것은 아니다. 누군가는 이 과정과 끈기 있는 행동을 보며 비범하다고(?) 표현하기도 했다. 맞는 말이다. 하지만 분명한 것은 애매한 재능 활용법으로 만든 그 테마가 없었다면 결코 성공할 수 없었다. 아무리 튼튼하고 체력이 좋은 사람이라고 해도 전쟁터에 총 한 자루 없이 맨몸으로 뛰어들면 하루도 못 버틴다. 내 노력과 집념이 빛을 발할 수 있었던 이유는 내 손에 애매한 재능을 활용한 강력한 무기가 들려 있었기 때문이다. 만약 이게 없었다면 이 과정은 노력의 과정이 아닌 민폐의 과정이 됐을 것이다.

중요한 것은 얼마나 특출하고 대단한 재능을 지녔는지가 아니다. 애매한 재능을 활용해 평범함 안에서 매력적인 테마, 호기심을 일으키는 좋은 콘셉트를 만들 수 있느냐의 문제다. 결론적으로 '애매한 재능 활용법'을 익힌다면 이와 같은 성공이 특별한 한 사람의 이야기가 아닌 모두의 사례가 충분히 될 수 있다.

이 과정을 통해 알 수 있다. 산악인 엄홍길, 피겨선수 김연아와 같은 탁월한 재능 없이 애매한 재능과 어설픈 관심으로도 충분히 각광받을 수 있다는 것을. 이 사례가 부족하다고 느낄 수도 있다. 그렇다면 조금 더 극한의 환경으로 가보자. 과연 모든 것이 제약된 군대에서도 애매한 재능 활용법이 통할까?

애매한 재능으로
군대에서 특허 출원

대한민국에서 태어나 건강한 신체를 가진 남자라면 누구나 거쳐야 하는 곳이 있다. 바로 군대다. 대학 1학년을 마치고 강원도 춘천으로 입대했다. 모두가 그렇겠지만 국방의 의무를 다한다는 사명감과는 별개로 개인적으로도 이 시간을 헛되이 보내고 싶지 않았다.

특출한 재능과 배경이 없어 평범하게 강원도 전방 부대에 병사로 입대했지만 제대할 때는 누구보다 특별한 경험을 간직한 채 전역하고 싶었다. 그리고 '애매한 재능 활용법'을 통해 이 바람을 이룰 수 있었다. 그리고 그 덕분에(?) 군 복무 중 정보부대 조사를 받은 적이 있다.

"이게 어떻게 가능한 거야? 우리 상식으로는 이해가 안 되니까 차분하게 한번 이야기해봐."

나는 군 복무 시절, 상병 때 정보부대(前 국군기무사령부) 취조실에서 조사를 받았다. 군대에서 정보부대는 사회로 치면 국가정보원 같은 곳이다. 무슨 큰 죄를 지었냐고? 전혀 아니다. 내막은 이러했다. 대학교 1학년 전공 수업 때 '비즈니스 모델링'이란 과제를 한 적이 있다. 이게 재미있었다. 당장 어떤 사업을 펼칠 수 없어도 사람들이 필요로 하는 서비스나 제품을 생각하고 모델링 해보는 것 자체만으로도 설레었다. 하지만 좋아하는 것과 잘하는 것이 다르듯이 흥미로워하는 마음과는 다르게 '비즈니스 모델링' 과제 평가는 C$^+$로 그다지 좋지 않았다. 학점을 떠나 좋아하는 것이다 보니 자연스레 이러한 생각을 정리하고 메모하는 게 습관이 됐다. 그 습관은 군 생활을 하면서도 이어졌다. 메모하는 습관, 그것이 나의 애매한 재능이었고 그중에서도 비즈니스 모델을 적는 것이 세부 관심사였다.

하루는 주말 저녁에 분대원들과 앉아 뉴스를 보는데 특허 관련 내용이 나왔다. 주요 골자는 우리나라 특허 등록 건수와 다른 나라 특허 등록 건수를 비교 설명하는 내용이었다. 그런데 그 뉴스를 보며 특허 종류 중 BM Business Model 특허라는 게 있다는 걸 알게 됐다. 제품뿐만 아니라 독특한 사업 아이디어도 상세하게 명세서를 작성해 제출하면 특허 출원이 가능하다는 것이었다. 그리고 심사를 거쳐 통과가 되면 특허 등록 번호를 부여받을 수 있었다.

이러한 정보를 알게 된 후, 내가 가진 습관인 '비즈니스 모델링'을 군대 안에서 특허로 출원한다면 사람들의 관심과 호기심을 만들 수 있겠다는 생각이 들었다. 그렇게 [메모하는 습관]-[비즈니스 모델링]-[유별나게]-[군대]라는 애매한 재능 활용 순서를 도출할 수 있었다. 직장 생활이란 환경에서 '직장인 아티스트', 20대란 조건에서 '멘토를 찾아 여행을 떠난 20대'처럼 군대라는 환경 속에서 '특허 출원을 한 군인'의 콘셉트와 방향을 만든 것이다.

당장 이것을 실천하기 위해 움직였다. 하지만 현실은 녹록치 않았다. 특허를 출원해본 적도 없었고 어떻게 진행해야 하는지도 전혀 몰랐다. 더구나 장교나 부사관처럼 퇴근 시간이 있는 것도 아니었고 휴가나 외박이 자유로운 부대도 아니었다.

결론부터 말하자면 약 4개월간의 준비를 거쳐 '미션 제공 온라인 거래 방법'이란 BM 특허를 출원했다. 그것이 화제가 되어 국방일보와 국방잡지에 실렸다. 정보부대는 국방일보 기사를 보고 강원도 야전부대에서 복무 중인 병사 개인이 정상적인 방법으로 특허 출원을 하는 게 이상하다고 생각했다. 이에 비인가 저장장치를 활용하거나 편법적으로 바깥과 왕래가 있었던 게 아니냐는 의심에서 조사가 시작됐다. 조사를 받으며 특허 출원 과정과 준비 방법을 차분히 이야기했다. 결국 오해를 풀고 무사히 풀려났다. 지금 생각해도 가슴이 두근거리는(?) 잊지 못할 경험이었다.

군대라는 제한된 환경에서 어떻게 특허를 출원할 수 있었는지 궁금할 것이다. 특허에 대한 해박한 지식이나 특출한 경험과 재능은 당연히 없었다. 앞에서도 밝혔듯 지금은 인터넷, 온라인 플랫폼이란 도구를 통해 계획하는 일을 손쉽게 할 수 있는 시대다. 난 그러한 환경을 적극적으로 활용했을 뿐이다.

우선 주말마다 2~3시간씩 이용할 수 있던 인터넷을 통해 특허 출원을 위해 갖춰야 할 자료, 비용, 과정, 주의사항, 발명 설명서, 명세서의 구성 요소 등을 확인했다. 여기까지 필요한 사항들을 찾고 정리하는 데 어려운 건 전혀 없었다. 요즘은 중고등학생들도 혼자서 특허를 낼 수 있을 정도로 그와 관련된 자료들이 정말 잘 정리되어 인터넷에 떠다니고 있었다.

출원한 특허 주제는 평소 취미처럼 해오던 '비즈니스 모델링' 덕분에 어느 정도 구성되어 있던 상태였다. 그 내용들을 인터넷 검색으로 찾은 발명 설명서 양식에 맞춰 다시 정리했다. 다음으로는 특허 아이디어를 출원 요건에 맞춰 특허 명세서로 작성해줄 변리사를 찾는 것이었다. 변리사도 인터넷을 통해 찾고 만났다. 이후 총 4개월 동안 특허 출원을 준비했다. 그 기간 동안 단 한 번도 부대 밖으로 나가지 못해 더디게 진행되긴 했지만 이메일과 전화로도 의견을 주고받기에 충분했다.

특허 등록도 아니고 특허 출원을 한 것이 그리 특별한 일은 아니다. 특허 내용도 세상을 바꿀 만큼 엄청난 것이 아니라 대학 과제 수준으로 구성하고 메모했던 비즈니스 모델이었다. 그런데도 국방일보와 국방잡지에 실렸던 것은 다른 사람이 아닌 '군인'이 특허를 냈다는 사실 때문이다. 이처럼 똑같은 일도 어떤 조건에서 어떻게 연결해 궁금증을 만드느냐에 따라 결과는 달라질 수 있다. 그리고 그것을 가능케 한 출발점은 메모하는 습관, 그리고 비즈니스 모델링에 대한 어설픈 재능과 관심 덕분이었다. 어려워 보이는 목표나 바람을 이루는 힘은 재능의 탁월함이 아니다. 애매한 재능에 대한 편견을 깨는 것에서 시작되고, 이를 활용해 사람들의 호기심을 이끌어내는 것으로 완성된다.

지금까지 애매한 재능이 뭔지 파악하고, 다양한 사례를 통해 활용법을 익혔다. 아주 좋은 씨앗과 그것을 성장시켜낼 훌륭한 농사법을 익힌 것이다. 하지만 아무리 좋은 씨앗과 농사법을 알고 있더라도 꾸준히 해낼 마음가짐과 태도가 없다면 말짱 황이다. 다음 장에서는 애매한 재능을 꾸준히 실행하기 위해 반드시 알아야 할 마인드셋에 대해 이야기할 것이다. 먼저 귀띔을 해주자면 애매한 재능을 꾸준히 실천하기 위한 핵심적인 태도는 '대충 하는 것'이다. 과연 이게 무슨 말일지 궁금하다면 다음 장도 집중해 함께 살펴보자.

TALENT

각오 없이 시작하고,
노력 없이 유지하도록

Part 3.

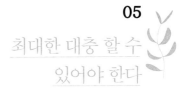

최대한 대충 할 수
있어야 한다

열심히는 그만,
제발 대충 하자

지금까지 애매한 재능의 씨앗을 발견하고 구성하는 과정을 밟아왔다. 이제 이를 활용해 자신이 원하는 바람을 현실로 만들어나갈 고군분투의 과정이 눈앞에 기다리고 있다. 그에 앞서 반드시 짚고 넘어갈 부분이 있다.

우리나라 사람들을 대표하는 특징 중 하나가 '빨리빨리' 문화에 익숙하다는 것이다. 그리고 이것과 쌍벽을 이루는 특성을 잘 설명하는 말이 '열심히'다. 정말 다른 어느 나라와 비교해도 손색(?)없을 정도로 무엇이든 열심히 하고 열심히 살아간다. 경제협력개발기구OECD 안에서 노동 시간, 학업 시간만 비교해봐도 쉽게 확인할 수 있다. 심지어 술 마시고 노는 것도 최선을 다한다. 2차는 기본이고 네댓 번 장소를 바꿔가며 음주가무를 즐긴다.

한 미국인 친구가 이런 말을 한 적이 있다. "한국 사람들은 여행을 일처럼 하는 이유가 뭐야?" 해외 여행을 간 한국 사람들에게서 흔히 드러나는 특징이 있다. 휴가 기간이 아까워 빡빡한 여행 스케줄을 정하고 거기에 자신을 밀어넣는 것이다. 미국인 친구는 쉬기 위해 온 여행을 쉴 틈도 없이 촘촘하게 계획해 바쁘게 움직이는 한국인들의 모습을 낯설어했다. 한국 사람은 공부하고 일하고 먹고 쉬고 노는 것까지 뭐 하나 열심히 하지 않는 게 없다. 이런 탓에 한국 사람 중 많은 이들이 아무것도 하지 않을 때 편안함을 느끼기보다 뭔가 해야 할 것 같은 불안감을 느낀다.

하지만 애매한 재능을 개발하는 과정은 달라야 한다. 앞으로 운영해나갈 애매한 재능에 너무 많은 시간과 노력이 들어가면 안 된다. 큰 각오 없이 시작하고 많은 노력 없이 유지할 수 있도록 진행해야 한다. 예전에는 성공이라고 하면 정해진 높은 산꼭대기에 핀 꽃을 꺾기 위해 올라가는 일에 비유할 수 있었다면 지금은 공중에 흩날리는 아주 작은 민들레 홀씨를 찾아 싹을 틔우는 일처럼 느껴진다. 산을 잘 타려면 단계적인 훈련과 준비, 그에 맞는 정형화된 능력을 갖춰야 한다. 그리고 그에 부합하는 탁월한 재능을 가지고 있어야 한다. 그런 과정이 없으면 산꼭대기에 핀 꽃을 볼 일은 없었다. 하지만 공중에 둥둥 떠다니는 민들레 홀씨를 발견하고 피우기 위한 정형화된 능력이나 필요한 훈련을 정의하는 것은 매우 어렵다. 그래서 홀씨를 잘 찾는 법을 연구하고 고민하기보다 즐겁고 편하게 개간해나갈 수 있는 땅을 찾아 민들레 홀씨가 내려앉을 수 있게 최대한 넓혀가는 것이 현명하다. 우리는 애매한 재능을 통해 그 땅을 찾았다. 그렇다면 이제 꾸준히 실행하는 것만 남았다. 그리고 꾸준히 하려면 대충 해야 한다. 사실 애매한 재능이란 것 자체가 이러한 방향성에 맞춰서 구성된 것이다. 그렇다면 대충 한다는 것은 정확히 뭘 말하는 걸까?

많은 사람이 대충 하는 것에 대해 오해하는 부분이 있다. 대충 하는 것은 일을 시작하고 흐지부지하는 게 아니다. '대충 하다'라는 말의 사전적인 뜻부터 그것과 상반된다. 대충 한다는 것은 '대강 추스르는 정도'라는 뜻이다. 그렇다면 '추스르다'라는 말은 무슨 뜻일까? 일이나 생각을 수습하여 처리하는 것이다. 쉽게 말해 정리하고, 또 마무리 짓는다는 뜻이다. 즉, 대충 한다는 것은 무언가를 아주 가볍게 시작하고 부담 없이 완성해나가는 것이다. 책을 읽더라도 "그래, 오늘 이 책을 다 읽어보겠어!" 하고 두꺼운 책을 펼쳤다가 앞부분만 조금 보고는 "에이, 못 읽겠다." 하고 덮는 것이 아니다. "취미로 읽는 책인데 부담 없이 하루에 반쪽만 읽어보자."라고 생각하고 실천해나가는 게 대충 하는 것이다. 이것도 노력인가 싶을 정도로 가볍게 진행해 완성하는 것. 그게 대충의 의미다. 그리고 대충하는 것의 핵심은 힘을 빼는 것이다.

우리나라 사람들이 가장 좋아하는 스포츠 중 하나가 야구다. 나도 어릴 적부터 야구를 자연스레 접해왔다. 야구장도 자주 갔었고 친구들과 틈만 나면 운동장에 모여 캐치볼을 하고 방망이를 휘두르고 달렸다. 회사 입사 후에는 사내 야구팀이 있다는 것을 알고 곧바로 가입했다. 회사에서는 계열사별로 야구팀을 운영해 매년 시즌을 치르고 있었다. 또 가을에는 정규시즌 1, 2위인 계열사 야구팀이 고척돔에서 결승 경기도 하고 있었다. 이왕 야구를 하기로 했으니 나도 그 무대에 한번 서보겠다는 야심찬 각오를 가지고 틈나는 대로 연습을 했었다. 개인적으로 레슨비를 주고 야구 코칭을 받기도 했다.

야구를 배우며 가장 많이 들었던 말이 '힘 빼세요'였다. "몸에 힘을 빼고 날아오는 공을 맞춘다는 생각으로 휘둘러야 맞습니다. 강하게 치는 게 중요한 게 아니에요. 정확하게 맞추는 게 중요합니다. 그걸 하려면 힘 빼야 해요."

정식으로 야구를 배우면서 알게 됐다. 스윙을 하거나 공을 던질 때 몸에 힘이 너무 많이 들어가 있단 것을. 몸에 힘이 들어갈수록 빨리 지치고 공을 제대로 맞출 수 없었다. 반대로 어깨에 힘을 빼고 날아오는 공을 톡 맞춘다는 생각으로 휘두르니 배트 중앙에 야구공이 맞으며 반대편으로 시원하게 뻗어나갔다. "아, 이렇게 하는 거구나." 싶었다. 힘을 빼니 길이 보였다. 힘을 빼니 더 재미있어졌고, 지치지 않고 더 오래 할 수 있었다. 비단 야구나 운동에만 해당되는 말이 아니었다.

예를 들어 A라는 사람이 먹방 유튜브 채널을 시작하기 위해서 고가의 카메라와 음향장비를 산다고 생각해보자. 한 끼에 몇십만 원 하는 레스토랑도 예약했다. 편집도 잘해야 할 것 같아서 비싼 돈 주고 동영상 편집 강의 영상 이용권을 구입해 공부한다. 과연 오래 할 수 있을까? 물론 초반부터 반응이 좋으면 오래 할 수 있을 것이다. 하지만 대체로 그럴 가능성은 낮다. 반대로 자취방에서 간단한 음식을 만들어 먹는 걸 모바일 기기로 찍어 간단히 편집해 올린다면 어떨까? 마음먹으면 하루 삼시 세끼도 촬영해 업로드할 수 있다.

또 오프라인 모임을 운영한다고 생각해보자. 첫 모임부터 의욕이 불타올라 모임 로고도 만들고 2주에 한 번씩 멋진 곳에서 모임을 가질 수 있도록 정기 대관도 신청했다. 모임 프로그램도 정성을 다해 구성했다. 이렇게 만반의 준비를 다했는데 사람들의 반응이 없거나 부정적이면 이내 실망해 손을 놓아버릴 가능성이 크다. 금세

지칠 게 뻔하다. 너무 많은 일들을 열심히 벌이고 만들어놓은 탓에 보완할 점이 있으면 조정해나가는 것도 힘들다. 이와는 다르게 마음 맞는 사람끼리 수다나 떤다는 생각으로 가볍게 모임을 만든다면 어떨까? 부담감은 훨씬 줄고 꾸준히 할 수 있다. 그리고 보완점이 생겨도 쉽고 빠르게 수정할 수 있다. 이처럼 대충 하는 것의 핵심은 무언가를 할 때 힘을 빼는 것이다. 그렇다면 어떻게 해야 힘을 뺄 수 있을까? 관점을 갖는 것에서 나아가 더 구체적인 실행 방법으로는 어떤 것이 있을까?

온 힘을 주어 야구 배트를 휘두르는 사람에게 코치가 아무리 힘을 빼라고 말해도 처음에는 쉽지 않다. 힘을 빼야 한다는 걸 알지만 잘 안 된다. 이럴 때는 좀 더 명확한 실행 기준이 필요하다. 힘을 빼는 가장 확실한 방법은 최대한 작게 하는 것이다. 작게 시작하고 작게 운영하면 된다. 야구를 배울 때 날아오는 공을 때려서 100미터는 날려 보내겠다고 하면 아무리 힘을 빼라고 해도 스윙에서 힘이 빠지지 않는다. 반대로 1미터만 날려보자는 생각으로 스윙을 하면 자연스레 긴장감이 사라지고 몸에서 힘이 빠진다.

작게 하려고 할 때 자연스레 긴장은 줄고 편안해진다. 결국 무슨 일이든 힘을 빼고 대충 하려면 작게 시작해야 한다. 그리고 어떤 일이든 오래 하려면 최대한 줄여서 출발해야 한다. 규모를 작게 한다고 해서 얻는 결과도 작아진다고 생각하면 큰 오산이다. 날아오는 야구공을 맞춰 1미터를 보내기 위해 힘을 빼고 휘두른 스윙은 사실 100미터를 날리기 위한 과정에 더 가까워진 결과다.

또 작게 시작한다는 것은 응축된다는 의미와도 같다. 무언가 뻗어나가기 직전에는 더 작아지고 움츠러든다. 우리 일상의 패턴과 일도 동일하다. 자신의 생각, 방향, 콘셉트, 행동의 범위를 최대한 작게 줄여서 응축시킬수록 그 결과는 더 큰 반향을 일으킨다. 약 138억 년 전 아주 작은 점에서 시작된 우주의 탄생은 지금도 진행 중이다. 우리는 상상으로도 그 크기를 가늠할 수 없는 거대한 우주가 아주 작은 점에서 시작됐다는 것을 기억해야 한다. 힘을 빼고 작아질 때 우리는 더 커져나갈 가능성을 가지게 된다. 브랜드도 중구난방의 화려한 이야기, 글, 이미지로 설명하기보다 하나의 문장으로 명확하게 표현될 때 더 많은 사람들에게 효과적으로 전달된다.

웹사이트를 운영하고 싶다면 처음부터 대단한 것을 독창적으로 만들겠다고 생각하지 말고 반나절이면 뚝딱 만들 수 있는 홈페이지 제작 플랫폼을 활용해보자. 그것만으로도 원하는 것은 충분히 구현할 수 있다. 또는 관심 있는 주제로 뉴스레터를 발행해보고 싶다면 가볍게 다섯 문장으로 전달할 콘텐츠를 정리해 시작해보자. 이런 식으로 애매한 재능을 통해 무언가를 시작할 때 최대한 규모를 줄여 작게 시작해야 한다. 그리고 그 작은 규모를 단단하게 채우겠다고 생각해야 한다. 이를 통해 애매한 재능을 활용한 사이드 프로젝트 운영에 들어가는 시간, 노력, 관심, 비용도 최대한 줄여서 구성하자. 정말 최대한 작게 할 수 있는 데까지 작게 시작하자. 만약 부족한 게 있다면 그때 채워나가자. 작을수록 그 색깔은 짙어진다. 작아야 더 단단하게 탄탄하게 채울 수 있다.

반드시
대충 해야한다

대충 하는 것이 꾸준함의 배경이기도 하지만 눈앞에 찾아온 기회를 잡을 수 있는 무기가 되기도 한다. 새로운 일을 시작하길 멈칫거리는 사람은 크게 두 부류로 나뉜다. 정말 게으르거나, 정말 완벽하게 하려고 하거나. 둘 중 하나다. 그런데 게으른 것은 그렇다 쳐도 완벽함을 추구하려다 시작하지 못하는 건 너무 안타까운 일이다. 완벽함을 지향한다는 것은 기본적으로 몸에 힘이 많이 들어가 있다는 뜻이다. 야구 스윙으로 치자면 단 한 번의 스윙으로 홈런을 치겠다고 생각하는 것이다. 완벽하지 않다는 것을 인정하고 출발해야 한다. '완벽'이라는 단어는 지향점으로서 가져야 할 것이지, 특정하게 갖출 수 있는 상태가 아니다. 그렇게 완벽을 추구하다 보면 눈앞에 온 기회를 놓치기 십상이다.

최근에 강아지 '휴지벽 챌린지'가 유행한 적이 있다. 강아지 앞에 휴지벽을 쌓아놓은 후, 얼마나 높이 뛰어넘는지를 보는 것이다. 많은 강아지들이 낮은 높이의 휴지벽 앞에서는 별문제 없이 훌쩍 뛰어넘어 간식을 먹었다. 그러나 휴지벽의 높이가 점점 높아지자 강아지들은 가지각색의 반응을 보였다. 어떤 강아지는 사람의 골반 높이까지 오는 휴지벽도 가뿐하게 넘어 계속 간식을 차지했다. 또 다른 강아지는 아예 뛸 생각을 하지 않고 콧등으로 휴지벽을 톡하고 건드려 무너트린 후 널부러진 휴지 사이로 유유히 걸어가 간식을 먹었다. 이와는 다르게 높은 휴지벽 앞에서 어쩔 줄 몰라하며 낑낑대는 강아지도 있었다. 가볍게 밀면 와르르 무너질 뿐인 말랑하고 푹신한 휴지벽이 어떤 강아지에게는 거대한 장벽으로 느껴졌을 것이다.

사실 벽 앞에서 발을 동동 구르던 강아지를 보며 예전의 내가 떠올랐다. 특별하게 잘하는 것이 없던 탓에 무언가를 해내고 싶을 때도 항상 내가 가진 재능이나 재주에 비해 거대하게 느껴지는 벽을 마주해야 했다. 사람들의 선입견이 그러했고, 실제로 그걸 해낼 실력도 부족했다. 눈앞을 가로막고 있는 과제를 성공하기만 하면 원하는 목표와 보상이 기다린다는 걸 알지만 "이건 내 실력에 비해 너무 높은 거 같은데 과연 이걸 할 수 있을까?"라고 고민하며 눈앞에 있는 휴지벽을 뛰어넘을 생각조차 못하는 강아지처럼 아예 건들지도 않았다.

어느 순간부터 그런 내 자신이 너무 싫었다. 잘하는 게 없다고 해서 시도하는 것조차 스스로 검열하고 허락받아야 하나 싶었다. 어떤 특별한 계기나 감동적인 이야기를 접하는 것보다도 스스로에 대한 분노가 응어리져 수면 위로 떠오르면서 생각과 태도가 바뀌었다. 눈앞에 정말 뛰어넘기 어려워 보이는 거대한 벽이 있다면, 설령 그걸 못 넘더라도 내가 얼마나 뛸 수 있는지 확인해보고 싶었다. 정말 말 그대로 "해보고 안 되면 말고"의 심정이었다. 그리고 이 관점과 태도는 내 삶의 엄청난 변화를 가져왔다. 내 삶을 바꾼 것은 재능의 성숙이 아니라 바로 이 관점의 변화였다.

직장 생활을 하면서 해외 전시를 하고, 개인 여행에 천만 원이 넘는 돈을 후원받고 삼성전자 부회장과 부산시장 등 저명인사를 인터뷰했다. 그리고 군대에서는 특허 출원도 했다. 이런 과정을 보면 누군가는 특이하고 비범(?)하다고 여겨 손가락을 치켜세우면서 마치내가 대단한 사람인 것처럼 오해하기도 한다. 하지만 부끄럽게도그렇지 않다. 그냥 하는 말이 아니다. 정말 그렇다.

미술에 관심이 있는 사람 또는 전공한 사람이라면 누구나 개인전을 열고 싶을 것이다. 그러나 개인전을 열기까지 몇 가지 벽을 마주하게 된다. "갤러리를 어떻게 빌리지, 나한테 빌려줄까?", "작품을 다 채울 수 있을까?", "사람들이 안 오면 어떡하지?" 등등 미술과 관련된 배경이 전혀 없는 내가 설치 미술 개인전을 준비할 때도 이러한 벽들과 많이 마주쳤다. 그런데 내 눈앞을 가로막고 있는 그 벽들을 우습게(?) 생각했다.

예술적인 배경이나 커리어가 전혀 없던 내가 갤러리를 대관하고 해외까지 진출해 설치 미술 전시회를 할 수 있었던 이유를 꼽으면 두 가지다. 첫 번째는 "대관 가능해요?"라고 물어본 것. 두 번째는 "난 엄청난 작가가 아니다. 완벽하게 하는 게 아니라 완성만 하자." 라고 생각하고 그냥 한 것. 내가 해외에서 설치 미술 전시회를 했다면 엄청난 커리어나 숨은 예술적 배경이 있는 줄 안다. 하지만 지금껏 내 이야기를 들은 사람이라면 내게 그러한 배경이 전혀 없다는 것을 알 것이다. 방금 이야기한 두 가지 마음가짐 말고는 해외 전시를 해낸 이유를 설명할 방법이 없다. 힘을 빼고 찔러보는 것과 열심히 하기보다 대충 하겠다는 마음으로 일단 건드려보는 자세로 임했다. 무작정 인터넷을 뒤져 갤러리 연락처를 모으고 메일을 보내고 전화를 했다. "나는 이런저런 이유로 전시를 하고 싶다. 난 이렇게 전시를 할 것이다. 비용과 대관 가능 일자가 궁금하다." 그리고 프레젠테이션 파일로 정리해서 만든 포트폴리오를 전달했다. 심지어 내가 연락한 곳 중에서 가장 좋은 곳을 골라서 개인전을 열었다. 갤러리를 대관하기 위해서, 전시를 하기 위해서 필요한 것은 예술적 재능과 이력, 미술계의 인프라가 아니라 그저 물어보는 태도, 완벽하게가 아니라 대충 해보겠다는 태도가 전부였다.

기업 후원을 받아 여행을 하며 삼성전자 부회장과 부산시장을 인터뷰할 수 있었던 배경도 같은 이유다. 일반적으로 부산시장을 인터뷰하고 싶다면 어떻게 해야 할까? 이 질문에 많은 사람들이 여러 방법을 내놓는다.

"부산시청에 정식으로 요청해야 하지 않을까?"

"아는 지인 중에 부산시장을 아는 사람을 찾아야 하지 않을까?"

"부산시장 일정에 맞춰 찾아가서 만나자고 이야기해야 하지 않을까?

그 누구도 "그냥 트위터로 인터뷰하고 싶다고 메시지 한번 보내봐."라고 이야기하는 경우는 없다. 그런 방법으로는 안 될 거라고 생각하기 때문이다. 하지만 나는 트위터로 메시지를 보내 인터뷰에 성공했다. 답장도 5분 만에 왔다. 처음에는 얼떨떨하기 그지없었다. 만일 내가 '그 방법은 안 될 거야'라고 생각하고 시도조차 하지 않았다면 5분 만에 끝날 일에 훨씬 더 많은 시행착오를 겪어야 했을지도 모른다.

삼성전자 윤부근 부회장의 인터뷰 허락도 같은 맥락이었다. 부산에 강연을 하러 온다고 하니 직접 만나서 한번 물어나 보자는 심정으로 찾아갔다. 강연이 끝나고 Q&A 시간에 발언권을 얻어 인터뷰를 요청했고 허락을 받았다. 누구나 해내기 힘들 것이라고 여기던 일을 이뤄준 도화선은 강연장에서의 작은 질문, 쉽게 지나칠 수 있는 SNS 메시지였다. 휴지벽 앞에 선 강아지가 간식을 계속해서 먹을 수 있는 원동력은 높은 휴지벽을 넘을 수 있는 탁월한 점프력이나 무거운 벽을 뚫어낼 수 있는 힘이 아니다. 그저 눈앞의 휴지벽을 톡하고 찔러보고 건드려보는 마음가짐이다. 우리도 다르지 않다. 이것이 바로 '대충 하자'는 내 주장의 핵심이다.

혹시 그런 경험이 있지 않은가? 두려워서 시도조차 하지 않았는데 우연히 시작한 그 무엇이 생각보다 너무 쉽게 끝난 적이 있을 것이다. 또는 너무 큰 장애물처럼 느껴지던 것들이 막상 해보면 아무 것도 아닌 경우도 있을 것이다. 얼마 전 MBC 예능프로그램 〈놀면 뭐하니?〉에서 유재석은 한 아주머니에게 자전거 타는 법을 알려주었다. 아주머니는 시작 전부터 "그런데 이거 한 번 배워서 안 되잖아?"라면서 많은 걱정을 했다. 그런데 막상 유재석과 자전거를 배우고 반나절 만에 뒤에서 잡아주는 사람 없이 혼자서 자전거 페달을 굴리기 시작했다. 그러고는 아주머니가 말했다. "이야, 생각했던 것보다 훨씬 쉽네, 정말 기분 좋다." 그 아주머니에게 자전거 타기는 거대한 벽이었던 것이다. 그런데 마음먹고 콕하고 찌르는 순간, 그 벽은 생각보다 쉽게 넘어갔다. 그리고 그 넘어진 벽을 또 다른 경험과 성취를 얻는 다리로 활용했다.

앞선 예시들처럼 찔러보면 다 된다고 일반화하려는 것이 아니다.

안 될 수도 있고, 실패할 수도 있다. 하지만 거대해 보이는 눈앞의 벽이 생각보다 약하고 쉽게 무너질 수 있다. 벽을 찔러보기 위해 엄청난 노력이 필요하고 실패했을 때 큰 데미지나 리스크가 있다면 결코 쉽게 판단해서는 안 된다. 그런데 실패의 대가가 그저 거절당하는 일이라면 수십, 수백 번 시도해야 한다. 눈앞의 벽이라고 생각되는 무언가가 있다고 해서 무조건 그곳에 몸을 던져 부서져라 도전하라는 것이 아니다. 지그시 한번 밀어나 보자. 이러한 태도와 관점의 중요성은 비단 나만 생각해온 것은 아니다.

한 고등학생이 심심풀이로 집에서 주파수 계측기를 만들고 있었다. 그런데 계측기에 들어갈 부품이 부족해지자 어떻게 해야 할지 고민을 하다가 부품을 만드는 회사로 전화를 걸었다. 마침 회사의 대표가 그 학생의 전화를 직접 받았다.

"안녕하세요. 저는 고등학생 ○○○인데요. 제가 주파수 계측기를 만들고 싶어서요. 혹시 제가 필요한 부품들을 얻을 수 있을까요?"

전화를 받은 회사 대표는 호탕하게 웃으며 부품이 있으니 보내주겠다고 답했다. 고등학생은 자신에게 꼭 필요했던 주파수 계측기의 부속품을 받을 수 있었다. 그뿐만 아니라 그 회사의 생산 라인에서 너트와 볼트를 연결해 계측기를 만들 수 있는 기회도 누릴 수 있었다. 정말 운이 좋은 학생이고 착한 기업가의 훈훈한 이야기다. 그런데 이 이야기의 주인공은 우리가 모두 아는 사람이다. 전화를 건

학생은 애플을 창업한 스티브 잡스, 그가 원했던 부품을 보내주고 계측기도 만들 수 있는 기회를 제공한 회사는 휴렛팩커드였다. 스티브 잡스는 이 일화를 회상하며 이런 말을 남겼다.

"대부분의 사람들이 전화를 집어 들고 말하지 않는다. 그것이 때때로 무언가를 이뤄내는 사람과 그저 생각만 하는 사람을 구별하는 가장 중요한 기준이 되는데도 말이다."

자신에게 필요한 게 있으면 요구하란 의미다. 물론 스티브 잡스는 일반인이 아니다. 창의적인 생각과 열정, 탁월한 디자인 감각과 통찰력까지, 모든 면에서 천재적인 수준이다. 그리고 우리는 안다. 노력한다고 쉽게 따라갈 수 없다는 것을. 하지만 그가 말한 것은 다시 생각해볼 만하다. 자신이 원하는 것을 가진 사람에게 전화를 하는 행위, 자신이 원하는 게 있으면 한번 물어보고 실행해보는 것까지는 누구나 충분히 할 수 있는 일이지 않을까.

"두드려라, 그러면 열릴 것이다."

솔직히 나는 이런 말을 귓등으로도 안 들었다. 심지어 "아니, 어떻게 두드린다고 문이 열린다는 거야? 세상이 그렇게 만만한가? 잘난 사람들의 이야기 아니야?"라고 생각했다. 그런데 힘을 빼고 대충 두드리다 보니 열리는 경우가 많았다. 힘을 빼고 대충 하자. 그렇게 두드려보자. 그리고 난 지금도 두드릴 생각을 한다. 이 책을 내가 존경하는 기업인 소프트뱅크 손정의 대표에게 보낼 생각이다.

그리고 만나고 싶다고 이야기할 것이다. 생각만 해도 흥분되고 기대된다. "뭐 두드려나 보자, 안 되면 말고?"

끊임없이 할 생각하지 말자

앞선 이야기들을 통해 우리는 무언가를 '대충' 하는 것이 왜 필요한지 알게 됐다. 대충 하기 위해서는 힘을 빼고 작게 시작해야 한다. 눈앞에 찾아온 기회를 놓치지 않고, 애매한 재능을 부담 없이 꾸준히 유지해나가는 것이 목적이다. 여기서 많은 사람이 쉽게 오해를 한다. 대충 한다는 의미를 잘못 이해하는 것이다. 그리고 가볍게 시작하는 대신 끝까지 완수하는 것, 꾸준히 하는 것이라는 설명에서 '꾸준히' 한다는 의미를 '끊임없이'로 이해한다. 그런데 꾸준히 하는 것은 끊임없이 하는 게 아니다. 그럼 뭘까?

만약 '아침 5시에 일어나는 습관 만들기'라는 목표를 정했다고 생각해보자. A와 B가 같은 목표를 달성하기 위해 100일 동안 실천하기로 했다. A는 100일 중 58일을, B는 50일을 아침 5시에 일어났다. 누가 더 꾸준히 했다고 볼 수 있을까? 대부분은 58일을 일어난 A가 꾸준히 실천한 사람이라고 말할 것이다. 끊임없다는 개념에서 본다면 A가 8번 더 끈기 있게 실천했기 때문이다.

그런데 이렇게 가정을 해보자. A는 100일 모두 5시에 일어나는 걸 목표로 했다. 그런데 막상 시작해보니 너무 힘들었다. 그래서 처음 10일까지는 5시에 일어나다가 힘들어서 중간에 3일을 쉬어버렸다. 이후 일주일 동안은 잘하다가 다시금 5일을 쉬었다. 이러면 안 되겠다고 생각해 마음을 다잡고 2주 동안 빠짐없이 일어났다. 그러다 야근이 잦아져 4일을 내리 늦잠을 잤다. 이런 식으로 5시에 일어나고 못 일어나는 상황이 반복된 결과가 총 100일 중 58일인 것이었다.

반대로 B는 "나는 매일 그렇게 할 자신이 없어. 하루 일찍 일어났다면 그다음 날은 무조건 푹 자야 해. 하루씩 번갈아가면서 일찍 일어날 거야."라고 계획을 세우고 진행했다. 그리고 B는 자신과의 약속을 지켜 50일은 일찍 일어나고 50일은 늦게 일어났다. 과연 누가 더 '아침 5시에 일어나기'라는 목표에 부합하는 꾸준함을 보여준 것일까?

꾸준히 한다는 것은 '끊임없이'가 아니라 '한결같음'을 말한다. 한결같다는 것은 무엇일까? 예측할 수 있다는 것이다. 규칙성을 가진다는 뜻이고 그 규칙성을 유지한다는 것이다. 그래서 예측이 가능한 것이다. A에게서는 규칙성을 전혀 찾아볼 수 없다. 아침잠을 통제한다는 느낌보다는 어쩔 수 없이 계획에 끌려가고 억지로 버텨

낸다는 느낌이 강하다. 반대로 B에게는 자신만의 규칙성이 있었다. 100일 동안 5시에 일어난 횟수는 적지만 훨씬 더 규칙적이고 꾸준히 실천했다고 볼 수 있다. 이처럼 꾸준함을 한결같음으로 바라봐야 한다.

더불어 규칙성을 유지하는 데 중요한 자세는 잘 쉬는 것이다. 끊임없다는 것은 말 그대로 쉬지 않는 것을 말한다. 하지만 한결같다는 것은 규칙성이란 장치를 통해서 언제든지 쉬고 조정하고 여유를 즐길 수 있다는 것을 말한다. 결국 이것 또한 힘을 빼는 것이고 오래 할 수 있는 이유다. 정말 오래 하고 싶다면 '꾸준히'를 '한결같음'으로 이해해야 한다. 그리고 잘 쉬어야 한다. 쉬는 시기도 잘 설정해야 한다.

아무리 좋아하는 것을 해도 하기 싫어지는 순간이 온다. 그러면 다들 이렇게 말한다. "버텨내야지, 이겨내야지." 그런데 그게 말처럼 쉬운 일이 아니다. 그런 말을 들을 땐 한편으로는 짧은 인생 동안 이렇게까지 해야 하나 싶기도 하다. 그럴 땐 억지로 버티는 게 아니라 쉬어야 한다. 그래야 더 멀리 나아갈 수 있다. 애매한 재능을 통한 사이드 프로젝트를 운영하는 과정에도 이러한 휴식을 효율적으로 가질 수 있는 규칙성을 만들어야 한다.

일반적으로 어떤 일을 진행할 때 시즌제 개념을 염두에 두는 경우가 많지 않다. 시즌제는 유명 TV 프로그램이나 방송에서만 써먹을 수 있는 게 아니다. 애매한 재능도 시즌제로 운영할 수 있다. 만약 유튜브 채널을 운영하고 있다면 오늘부터 무조건 콘텐츠를 일주일에 한 개씩 1년간 50개를 업로드하는 것도 방법이지만 10개의 영상으로 다섯 시즌을 운영하는 것도 방법이다. 종류와 내용을 바꾸는 게 아니다. 한 가지 주제로 50개의 콘텐츠를 올릴 계획이더라도 50개 내용을 카테고리로 나눠 시즌을 구성하고 중간에 쉴 수 있는 틈을 만들라는 것이다. 이것은 매우 중요하다. 마음이 끓어오를 때는 콘텐츠를 바짝 만들고 또 마음이 식었을 때는 무리하지 않고 여유 있게 쉴 수 있도록 해야 한다. 그렇게 애매한 재능을 개발해 오랫동안 유지해나갈 수 있도록 설정해야 한다.

쉬운 예로, 맛집일수록 점심과 저녁 사이에 브레이크 타임이 있다. 그 시간에 가게를 열지 않는다고 해서 불만을 가지거나 토를 다는 사람은 없다. 그러한 쉬는 시간을 통해 저녁에도 훌륭한 맛과 서비스를 꾸준히 유지할 수 있기 때문이다.

우리의 몸도 마찬가지다. 인간의 신체는 많은 근육으로 이뤄져 있다. 지방보다는 근육이 많을 때 더 건강하고 튼튼하다. 분명 맞는 말이다. 근육이 신체 골격을 탄탄하게 잡아주는 역할을 하고 노폐물 배출을 돕는 역할을 하기 때문이다. 그리고 근육을 키우려면 많은 운동을 해야 한다. 하지만 신기하게도 근육은 운동을 할 때 생기는 것이 아니다. 운동 후 쉬는 시간에 발달한다.

근육은 수많은 근섬유로 구성돼 있다. 만약 큰 자극에 노출되면 근섬유가 손상을 입게 된다. 갑자기 운동을 했을 때 알이 배고 아픈 느낌은 근육이 찢어지고 손상됐기 때문이다. 근육이 손상됐을 때는 쉬거나 잠을 잘 때 사이토카인이란 면역 세포에 의해 자연스레 회복된다. 이때 몸은 비슷한 자극에 근육이 다시 손상되는 것을 막기 위해 근육을 더욱 발달시킨다.

손상된 근육이 쉬는 동안 발달하는 것과 마찬가지로 우리의 애매한 재능을 활용하는 데 있어서도 휴식과 쉼은 매우 중요하다. 꾸준함은 쉼과 노력 사이에 규칙성을 부여해 한결같이 반복하는 것이다. 만약 어떤 목표나 행위를 끊임없이 반복하겠다고 생각하는 순간, 비극이 벌어진다. 이를 다시 한번 되뇌며 자신의 애매한 재능을 어떻게 개발해나갈지 생각해보자.

절대 지지 않는 게임으로
설정해놓고 시작하기

양궁 선수가 호흡을 가다듬고 천천히 활을 들어 올린다. 시합장에는 일순간 정적이 흐른다. 선수는 활시위를 지그시 당겨 턱 밑에 가져다 댄다. 그러다 순간 의아한 표정을 지으며 머뭇거린다. 잠시 뒤 활을 쏘지 않고 내려놓은 채 멍하니 과녁을 바라보고 있다. 확인해보니 과녁판에 자그마한 10점 라인만 있었다. 화살을 작은 10점 라인 안에 넣지 못하면 무조건 0점이 되는 상황이다. 이 얼마나 황당한가?

물론 이런 경기가 실제로 일어나진 않았다. 그런데 생각해보자. 다른 선수들은 모두 보통의 과녁판처럼 각각의 점수가 있는데 한 선수만 10점과 0점으로 나뉘어 있다면 불리한 게임이다. 모든 양궁 선수는 화살을 쏠 때마다 10점 라인 안에 넣기 위해 화살을 쏜다. 하지만 매순간 집중력이 다르기 때문에 때로는 9점, 8점, 7점 혹은 그 이하의 점수 라인에 화살이 날아가 꽂히기도 한다. 당연히 10점과 0점만 있는 과녁판보다 점수별 라인이 그려진 과녁판을 향해 쏠 때 종합 점수가 높을 수밖에 없다.

실생활에서 우리는 어떨까. 우리는 목표를 설정할 때 10점 또는 0점으로만 그려 넣는 경우가 많다. 물론 반드시 그렇게 설정해야 할 목표들이 있다. 시험이나 취업 여부 등 합격과 불합격이 극명하게 나뉘는 경우다. 하지만 애매한 재능을 활용한 목표가 있다면 절대 이렇게 구분해서는 안 된다. 목표는 10점과 0점 또는 허들과 같은 개념이 아니라 라인별로 점수가 존재하는 과녁판으로 설정해야 한다.

이러한 개념을 이해하기 위해서는 우선 목표의 성격부터 확인해

야 한다. 심리학자 하이디 그랜트 할버슨Heide Garnt Halvorson 박사
는 목표를 크게 성과 목표와 향상 목표로 나누었다. 회사에 갓 입
사한 신입사원들에게 임원들이 꼭 물어보는 것이 있었다. "회사 생
활의 목표가 뭔가요?" 그럼 대부분은 임원이 되고 싶다거나 사장이
되고 싶다고 말한다. 이렇듯 특정한 성과, 직책 또는 타인과의 비교
를 통해 자신의 능력을 입증하는 게 성과 목표다. 남보다 나은 성과
를 달성하는 것을 목표로 삼고 증명하는 것이다. 반대로 어제보다
오늘 더 나은 사람이 되는 것을 목표로 삼는 것이 향상 목표다. 향
상 목표는 직책이나 경쟁 논리가 아니라 자기 자신에 대한 개선과
향상에 집중하는 전략이다. 둘 중 향상 목표로 자신의 목표를 잡았
을 때 앞서 말한 것처럼 목표에 대한 울타리가 생긴다. 즉, 10점 또
는 0점이 아니라, 10점이 안 되더라도 9점, 8점이 될 수 있게 설계
할 수 있다.

　애매한 재능을 활용해 유튜브를 시작했다고 가정해보자. 일주일
에 영상을 두 개씩 제작해 1년 가까이 100개의 영상을 업로드했다.
구독자도 몇십만 명에 이르고 여기저기서 광고 문의도 들어온다.
자신이 쏜 화살이 10점 라인에 정확히 들어간 것이다. 반대로 1년
가까운 시간을 투자했는데 구독자는 천 명도 안 되고 아무런 반응
이 없다면 어떨까? 당연히 실패라고 생각한다. 여기서 우리가 실패
라고 생각하고 느끼는 것은 영상을 올리는 목적이 '조회 수가 얼마

나 나왔는가', '구독자는 몇 명이 됐는가', '나와 비슷하게 시작한 채널은 얼마나 성장했는가' 등을 성과 기준으로 잡았기 때문이다.

영상 100개를 올렸는데도 사람들의 반응이 없다면 이유는 분명하다. 하지만 꼭 콘텐츠가 매력이 없기 때문이라고 단정 지을 순 없다. 제품이 아무리 좋아도 팔리지 않는 경우를 우리는 종종 목격한다. 또 시기적으로 지금 당장 구독자가 없을 수도 있고, 나중에 갑자기 잘될 수도 있다. 그래서 꾸준히 계속하는 게 중요하다. 조회수를 떠나 영상 100개가 모이면 그 자체만으로도 강력한 무기가 될 수 있다는 점을 잊지 말아야 한다. 이것은 단순히 유튜브에만 적용되는 이야기가 아니다. 어떤 활동을 하더라도 결과를 떠나 노력자체만으로도 영향력이 쌓여서 무기로 활용할 수 있도록 설계하는 것이 매우 중요하다.

취미로 하던 드로잉을 활용해 스티커나 배지와 같은 굿즈를 만든다고 생각해보자. 어렵게 만든 굿즈가 잘 팔리고 유명해지면 더없이 좋다. 자신이 쏜 화살이 10점 라인에 정확히 들어간 것이다. 그런데 한 달 동안 하나도 팔리지 않았다. 자신이 쏜 화살이 0점에 꽂힌 것이다. 여기서 0점이라고 느끼는 것은 굿즈를 만들고 파는 행위의 목적이 '얼마나 더 팔렸는가', '얼마의 이익을 가져다주는가'처럼 성과 중심으로 잡혀 있기 때문이다. 그렇다면 목표를 이렇게 바꿔서 설정해보자. "굿즈를 만들어서 팔자. 그리고 매월 한 개씩 굿즈 제작 품목을 늘려 나만의 디자인 레퍼런스를 만들어보자."
그러고 나서 1년 동안 총 12개의 굿즈를 제작했다. 판매 수량은 매
우 적었다. 하지만 그 사람에게는 12개 품목의 굿즈를 제작했다는
경험과 자료가 남아 있다. 그 레퍼런스를 가지고 굿즈와 관련된 일
을 꾸준히 실행한다면 실력과 노력을 입증해줄 자료가 된다. 굿즈
를 팔아 레퍼런스도 만들고 돈도 벌었다면 가장 좋은 결과일 것이
다. 하지만 굿즈가 팔리지 않았다고 해서 노력이 0점이 되는 것은
아니다.

내가 재차 강조하는 것이 있다. 애매한 재능을 활용해 개인의 능
력 향상뿐만 아니라 구체적인 성과를 내기 위해서는 '잘하는 게' 중
요하지 않다. 뚜렷한 콘셉트와 콘텐츠를 정하고 꾸준히 실행하는
게 중요하다. 그리고 시작부터 성과 목표로 잡으면 꾸준히 실천하
기는 매우 힘들다. 성과 목표는 결과에 대한 통제 가능성이 상대적
으로 낮기 때문이다. 내가 잘한다고 해서 반드시 임원이 될까? 그
건 모르는 일이다. 회사가 어려워질 수도 있고, 갑자기 외부 영입
인사가 들어올 수도 있다.

직장 생활이 아니라 인터넷에 글을 연재한다고 가정해보자. 6개
월 안에 출판사로부터 연락을 받아 1년 안에 책을 낸 작가가 되겠
다는 목표를 정했다. 그런데 매일 꾸준히 글을 써서 올려도 하루에
구독자가 두세 명도 채 늘지 않고 출판사에서도 연락이 올 기미가

보이지 않는다. 이러한 상황을 견뎌내며 글을 쓰는 것은 쉽지 않다. 재미도 없을 것이다. 이처럼 성과 목표는 자신이 원하는 결과가 나타날 기미가 보이지 않으면 꾸준히 유지하기 힘들다.

반대로 향상 목표는 성과 목표보다 결과에 대한 통제 가능성이 높다. 불확실한 외부 개입성이 낮다. 따라서 외부 결과나 성과에 흔들리지 않고 꾸준히 실천할 수 있다. 어제보다 오늘 한 문장이라도 더 쓰는 것, 지난달보다 이번 달에 연재 횟수를 조금 더 늘리는 것으로 목표를 설정해보자. 그렇게 되면 자연스레 내가 매일 한 문장이라도 더 썼는지, 지난달보다 연재 횟수가 늘었는지에 더욱 집중하게 된다. 이를 통해 외부의 결과에 대해 상대적으로 적게 영향을 받으며 능력 향상에 포커스가 맞춰진다.

나도 설치 미술 작가로 활동하며 향상 목표를 지향했다. '지난해보다 전시회에 관객을 더 모으겠다. 더 많이 언론에 나오겠다'라는 목표가 아닌, 더 많은 책을 읽고 더 많이 경험해 지난해보다 더 좋은 메시지를 줄 수 있는 작품을 만들겠다는 것이 목표였다. 이렇듯 향상 목표를 지향했기에 지난 5년 동안 꾸준히 실행할 수 있었고 앞으로도 가능할 것이라 확신한다. 그리고 향상 목표를 실현해오는 과정에서 성과 목표라 볼 수 있는 언론 인터뷰, TV 강연도 하게 되었고 국내를 넘어 해외 전시까지도 할 수 있었던 것이다. 향상 목표를 지향한 것은 이뿐만이 아니다.

"아니 어렵게 후원받은 차를 왜 갑자기 반납하겠다는 거예요?"

스물세 살에 대기업으로부터 비용을 후원받아 떠난 여행. 원래 계획은 후원받은 차량을 타고 부산에서 출발해 한반도를 시계 방향으로 돌며 전국 50여 개 도시를 여행하는 것이었다. 그런데 전국 여행을 시작하고 절반쯤 지났을 때 돌연 차를 반납했다. 그러고는 서울에서부터 강원도, 경북, 경남, 부산까지 걸어서 여행을 하겠다고 말했다. 후원사 측에서는 당황스러워했다. 전혀 계획에 없던 상황이었다.

당시 내 결정은 서울에서 유명 프랜차이즈를 창업한 젊은 대표를 만나 인터뷰를 하는 과정에서 갑자기 내린 것이었다.

"상훈 씨, 차를 반납하고 한번 걸어서 여행을 해보는 건 어때요? 차를 타고 다니는 것보다 걸으면서 길 위에서 사람들을 만나고 매 시간을 느끼는 게 훨씬 더 청춘 같은데."

그 말에 나는 머리를 한 대 세게 얻어맞은 것 같았다. 어쩌면 나도 무의식적으로는 좀 더 20대다운 여행에 대한 갈증 같은 것이 있었던 것 같다. 바로 다음 날 후원사 측에 양해를 구하고 차를 반납했다.

그렇게 서울부터는 배낭을 메고 걸었다. 정말 힘들었다. 처음 며칠 동안은 말도 안 되는 짓을 한 건가 싶은 생각부터 들었다. 하지만 시간이 지날수록 내 선택이 맞았다는 확신이 들었다. 차를 타고 다닐 땐 만나지 못했을 사람과 상황이 눈앞에 펼쳐졌다. 길을 걷다 힘들면 히치하이킹을 하고 배낭과 텐트를 어깨에 메고 다니기 위해 꼭 필요하지 않은 물건은 모조리 버렸다. 한여름에 하루 8시간 이상씩 걷다 보니 얼굴은 새까맣게 타들어갔고 몸에서는 땀 냄새가 진동했다. 전과 비교할 수 없을 만큼 몸이 힘들었지만 여행하며 느낄 수 있는 감정은 더욱 다채로워졌다.

어렵게 후원받은 차를 반납하고 배낭을 메고 여행할 줄은 상상도 못했다. 그런 결정을 할 수 있었던 것도 전국 50개 이상의 도시를 들러야 한다는 식으로 단순히 성과 목표를 잡지 않았기 때문에 가능했다. 만약 그랬다면 절대 차를 반납하지 않았을 것이다. 방문하는 도시 숫자보다는 어제보다는 오늘 더, 오늘보다는 내일 더 많은 물음을 스스로에게 던질 수 있다면 어떤 방법이든 상관없다는 생각 덕분이었다. 그리고 자연스레 이러한 생각과 지향점이 바로 향상 목표라는 것을 알게 됐다. 이를 계기로 향상 목표의 힘을 더욱 믿고 지향하게 됐다. 결론은 성과가 아닌 자기 자신에 대한 개선과 향상에 목표를 두고 행동할 때 외부 환경으로부터 영향을 적게 받으며 꾸준히 실행할 수 있다는 것이다. 나아가 향상 목표뿐만 아니라 성과 목표를 달성할 수 있는 원동력도 꾸준히 하는 것이다.

운동선수에게 가장 큰 영광은 올림픽에서 금메달을 따는 것이다. 이러한 성과야말로 성과 목표의 정점이다. 그리고 올림픽에 참가한 선수들 중에는 금메달을 두 번이나 성취한 사람들이 있다. 그중 영국의 스포츠 영웅이자 정치인, 국제육상연맹 회장이었던 세바스찬 코Senastian Coe는 엄청난 성과를 달성했지만 자신이 목표한 것은 성취가 아닌 향상이라 밝혔다.

"운동선수로 활동하며 나의 목표는 오늘보다 내일, 이번 주보다 다음 주에 더 나은 운동선수가 되는 것이었다. 나의 목표는 향상이었다. 올림픽 금메달은 목표를 달성한 것에 대한 보상일 뿐이다."

이러한 내용을 숙지하며 애매한 재능을 꾸준히 실현해나갈 마음가짐을 가져야 한다. 지금까지는 애매한 재능을 꾸준히 실행하는 태도에 대한 이야기였다. 다음 장에서는 애매한 재능의 안전장치인 회사 생활과 애매한 재능을 어떻게 잘 유지시켜나갈지에 대한 내용을 다룰 것이다. 애매한 재능은 생계 비용과 함께 발전해나가야 한다. 그러려면 이 둘을 잘 조율하고, 동상이몽同床異夢 하더라도, 그 동상同床으로 인해 불안함이 없도록 설계해야 한다. 그 요령을 말할 것이다.

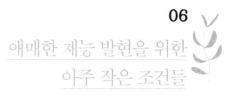
서행하더라도
벨트는 매셔야죠

얼마 전 친구의 차를 얻어 탔다. 차에 올라 안전벨트를 매고 앉아 있는데, 차가 출발함과 동시에 잠겨 있던 벨트가 갑자기 스르륵 풀리는 게 아닌가. 처음에는 대수롭지 않게 여겼다. 내가 벨트를 잘못 끼웠나 싶어 다시 벨트를 고쳐 맸다. 그런데도 곧장 풀려버렸다. 친구에게 이야길 하니 대수롭지 않게 여겼다.

"차가 오래되다 보니 여기저기 문제가 많아. 안전벨트도 가끔씩 잘 안 걸릴 때가 있어."

친구는 차를 잠시 세우더니 안전벨트를 이리저리 만지다가 간신히 걸어줬다. 어떻게 보면 사소한 문제로 큰일이 아닌 것처럼 느껴질 수도 있다. 친구 말처럼 가끔씩 그러는 것일 테니까. 그런데 안전벨트가 가끔씩 풀린다는 것 자체가 안전벨트로서의 제 역할을 전혀 하지 못하고 있는 것이다.

안전벨트를 매는 이유는 언제 어디서 사고가 날지 모르기 때문이다. 그래서 항상 매는 것이다. 그런데 친구의 차 속 안전벨트에는 가장 중요한 안전의 항시성이 없다. 마치 그 자리에 앉은 사람의 안전을 러시아 룰렛마냥 빙그르 돌리다가 운에 맡기는 것과 다를 바 없다. 만약 아예 고장이 났더라면 더 경각심을 가지거나 빨리 고칠 생각을 했을 것이다. 하지만 오히려 가끔씩 고장이 나니까 더 무뎌지고 방치하게 된 것이다. 하지만 안전벨트는 어떤 상황에서든 탑승자를 보호할 수 있어야 그 가치가 있다.

서두에 애매한 재능을 개발하기 위해서는 안전장치가 꼭 필요하다고 강조했다. 자신이 원하는 일을 하기 위해서 또는 애매함을 개발해나가기 위해서 가장 먼저 필요한 것이 '생계 비용'이다. 바로 그것을 확보하고 유지하는 것이 애매한 재능을 개발하기 위한 안전장치다. 그런데 가끔씩 스르륵 풀려버리는 안전벨트처럼 안전장치가 가끔씩 제 기능을 하지 않는다면 어떻게 될까? 누구라도 불안해진다. 평소에 불안하지 않으려면 출발하기 전에 이상 없는지 제대로 확인해야 한다. 만약 문제가 발견된다면 조금 늦어지더라도 확인하고 정비를 완료한 후에 길을 나서야 한다. 이런 관점에서 애매한 재능을 본격적으로 실행하기 전에 기억해야 할 것이 있다.

애매한 재능을 개발하고 사이드 프로젝트를 운영하는 것 때문에 직장 생활에 부정적인 영향을 주면 안 된다. 그러면 생계 비용을 책임지는 영역이 흔들리고 불안해진다. 즉, 내 삶의 안전을 책임지는 안전장치가 풀리는 것이다. 만약 회사 생활을 하거나 생계 비용을 담당하는 영역이 있다면 애매한 재능을 개발하는 과정 때문에 부정적인 영향을 받지 않도록 미리 설계를 잘해놓아야 한다. 그럼 어떻게 설계해야 한다는 말일까?

일과 일상을 섞어야 한다

"대부분의 사람들이 하루 4시간씩, 일주일에 3일만 일하는 때가 곧 올 겁니다."

알리바바Alibaba 그룹의 창업주 마윈馬雲이 한 말이다. 이 말을 들으니 생각만 해도 들뜬다. "월급은 그대로겠지?"라는 속 보이는 상상까지 하게 된다. 마윈은 인공지능, 로봇이 등장함으로써 세상에 많은 변화가 일어날 것이며 인간의 노동 시간이 현저하게 줄어들 것이라고 예측했다. 그의 말이 현실이 될지는 아직까지 모르지만 시간이 갈수록 근무 시간이 줄어드는 것은 사실이다. 특히 한국의 노동 환경은 단기간에 많은 변화를 겪었다. 고용노동부 노동력 조사에 따르면 2019년 월 평균 자체 근로 시간은 163.1시간이다. 2011년에 대비해 13.5시간이나 감소한 수치다. 한 달에 13.5시간이라고 하면 적은 수치 같지만 전 근로자 한 명당 13.5시간씩 곱하면 이야기는 달라진다. 산업 전체의 노동 시간이 현격하게 줄어든 것이다.

또한 밀레니얼 세대와 기성 세대가 노동을 바라보는 관점에도 큰 차이가 있다. 바로 일과 삶의 균형에 대한 시각이다. 젊은 직장인들에게는 높은 연봉과 사내 복지도 중요하다. 하지만 무엇보다 일과 삶이 확실히 분리된 생활을 통해 일은 일대로 하고, 자신이 하고 싶은 일도 마음껏 즐기며 다닐 수 있는 직장을 원한다. 평일 저녁 시간까지 헌신하고 휴일마저 반납하며 미련스럽게 직장에 올인하는 것을 원치 않는다. 정해진 시간에 메신저에 로그인하고 또 정해진 시간이 되면 로그아웃하듯, 일과 일상도 접속과 비접속의 상태를 명확히 구분 지으려 한다. 이러한 가치관 변화에 따라 등장한 단어가 바로 워라밸이다. 워크 앤 라이프 밸런스Work and Life Balance

의 줄임말로, 일과 삶의 균형을 뜻한다.

"나는 직장 생활하고 개인 생활하고 완벽하게 분리시키려고 노력해. 일은 그냥 일이야. 그 이상 그 이하도 아니야."

언젠가 은행에 다니는 친구가 술자리에서 직장 생활에 대해 진지하게 이야기한 적이 있다. 그 친구에게 진짜 삶이란 자신이 원하는 것을 할 수 있는 퇴근 이후부터의 시간을 의미했다. 친구의 이야기 듣다 보니 한 가지 아쉬운 생각이 들었다. 일과 일상을 분리시키는 것은 좋지만, 일하는 시간을 마치 '죽은 시간'처럼 여긴다는 점이었다. 물론 나부터도 퇴근과 주말을 기다리고 또 휴가를 기다린다. 일을 즐긴다기보다는 버텨내고 있다는 표현이 더 어울린다. 하지만 일하는 시간도 내 인생의 일부인데 그저 버리는 시간이라고 생각하면 너무 아쉽다. 그 시간을 좋아할 순 없어도 최소한 낭비하는 거라 느끼지 않도록 만들 순 없을까?

만약 자신이 직장을 다니며 소설을 쓰려 한다고 생각해보자. 소설 주제를 산속에 사는 젊은 남자의 이야기로 정했다. 이런 주제라면 출근해서 느끼는 감정이나 일에서 배우는 지식들이 소설을 쓸 때 큰 도움이 안 된다. 직장에 있는 시간이 말 그대로 소설을 쓰는 시간을 방해하는 시간일 뿐이다. 그런데 만약 소설의 주제가 산속의 젊은 남자가 아니라 직장 생활 하는 젊은 남자의 이야기라면 어떨까? 아침에 출근해서 회사에 있는 동안 경험하는 스트레스, 관계,

업무, 성과 등 모든 것이 소설 속 소재로 쓰일 수 있고 영감과 자료를 제공하는 단서가 된다. 직장 생활이 소설 속 현실성과 디테일을 살려주는 훈련의 시간이 될 수 있다. 그렇다면 마냥 다니기 싫었던 직장도 자신에게 꼭 필요한 삶의 일부분이 된다. 그저 필요 없고, 쓸모없다고 여겨지던 시간이 이제는 꼭 필요한 시간이 된 것이다.

조금 더 좋거나 싫거나 하는 차이는 있겠지만 제아무리 싫은 것도 쓸모 있는 무언가로 만드는 것이다. 실제로 이렇게 글을 쓰는 직장인들의 시대가 펼쳐지고 있다. 부동산 투자를 하는 직장인들의 이야기를 다룬 글을 블로그에서 연재하던 송희구 작가의 소설은 '부동산 극사실주의 소설'이라는 호평을 받으며 소셜 미디어에서 많이 공유되고 있다. 연재 한 달 만에 170만 명이 넘게 읽었다. 송 작가는 〈조선일보〉와의 인터뷰에서 "소설 속 '김 부장'은 실존 인물인 상사 3명을 조합해 만들었다."고 말했다.

벤처투자 업계에서 10여 년 동안 일해오고 있는 윤필구 작가가 쓴 소설 《벤처 허생전》도 마찬가지다. 벤처 업계에 관한 디테일이 살아 있다는 평을 받으며 인기몰이 중이다. 송 작가와 윤 작가에게 직장은 자기가 하고 싶은 일을 못하게 하는 곳이 아니라 소설의 내용을 더욱 탄탄하게 만들어주는 곳이 됐다. 나부터도 앞서 밝힌 것처럼 힘든 직장 생활 속에서 설치 미술에 필요한 아이디어를 얻는다. 게다가 직장인이다 보니 직장인들이 공감할 만한 메시지가 작품 속에 자연스레 반영된다. 만일 내가 직장이 아닌 다른 방향으로 주제를 잡았다면 직장은 그저 나의 열정을 깎아먹는 장소였을 것이다.

단, 당신의 애매한 재능을 무조건 직장과 연결시키란 뜻이 아니다. 싫어하는 것을 좋아하도록 억지로 무언가를 하라는 것도 아니다. 직장에서의 시간을 무의미하게 흘려보내지 않을 수 있도록 좋아하는 일과의 연계성을 만들라는 의미다. 자신이 싫어하는 것을 경험하면서도 그 속에서 배우고 활용할 것은 분명히 있다. 생계 비용 마련을 위한 직장 생활, 경제 활동은 좋든 싫든 계속 해야 하는 삶의 일부다. 그렇다면 그 과정을 무조건 최소화할 생각만 할 것이 아니라 그 속에서 얻을 수 있는 경험과 감정, 조건, 환경을 애매한 재능과 연결시킬 고리를 찾는 것이 중요하다. 또는 반대로 애매한 재능을 통해 직장 생활에 도움이 될 건 없는지 생각해볼 수도 있다.

이제는 일과 삶의 균형을 넘어서 일과 삶의 일치를 이룰 때다. 그래야 덜 힘들고, 덜 지친다. 이러한 관점을 워라블이라고 말한다. 워크 라이프 블렌딩Work-life blending, 즉 일과 삶을 적절하게 섞는다는 뜻이다. 단순히 퇴근 후 생산적인 무언가를 한다는 의미에서 나아가 매일 땀 흘려 만들어내는 직장 생활의 가치와 노력을 진정으로 원하는 일로 연결시켜보자. 일과 삶을 선택의 문제로만 접근한다면 분명 만족과 불만족이 따라오기 마련이다. 이것을 선택의 문제보다는 하나의 연결된 선으로 바라볼 때 우리의 일상은 더욱 풍족해질 것이다. 워라블은 하나의 트렌드가 아니라 우리가 계속해서 가져가야 할 삶의 방향성이다. 그리고 이것이 갖춰질 때 우리는 애매한 재능을 더욱 과감하게 실행할 수 있다.

나의 공간을 패스트푸드점으로 만들지 말자

점심시간에 맞춰 맥도날드 문을 열고 들어섰다. 정신없이 울리는 조리 기계 소리, 주문 번호를 부르는 직원의 우렁찬 목소리가 귓등을 때린다. 카운터 앞은 주문한 음식을 기다리는 사람들과 키오스크에 서서 대기하는 인원들이 복잡하게 엉켜 있다. 테이블에도 사람들이 빽빽이 들어차 있다. 음식을 먹으며 통화하는 사람, 주변의 소음을 이겨내며 대화하기 위해 더 큰 목소리로 말하는 사람의 말소리가 계속 들려온다. 별생각 없이 점심을 먹으러 들어왔다가 괜스레 마음만 산만해지고 조급해진다.

그럼 이와는 조금 다른 상황을 생각해보자. 오랜만에 시간을 내어 관광을 하러 갔다. 그런데 날씨도 덥고 지도를 잘못 봐서 땡볕에서 꽤 오래 걸어야 했다. 등 언저리에 땀이 맺혀 옷에 스민다. 땀에

젖은 등만큼 짜증도 스멀스멀 올라온다. 그러다 우연히 지나치게 된 성당에 들어가보기로 했다. 높은 천장, 조용한 분위기, 신비로운 장식품이 마치 나를 반기는 것 같다. 짐을 내려놓고 의자에 앉아 조용히 둘러보니 금세 평온해진다.

이처럼 공간은 사람의 마음을 변화시킨다. 《불안》, 《왜 나는 너를 사랑하는가》 등의 작품으로 잘 알려진 알랭 드 보통은 《행복의 건축》에서 "장소가 달라지면 나쁜 쪽이든 좋은 쪽이든 사람도 달라진다."라고 말했다. 맞는 말 같다. 공간은 편안한 마음을 산만하게 만들기도 하고 짜증으로 가득했던 마음을 평온하게 바꾸기도 한다.

이러한 작용은 단순히 사람의 감정에만 영향을 끼치는 것은 아니다. 대표적인 사례가 있다. 소아마비 백신을 개발한 미국의 바이러스학자 조너스 소크 Jonas Edward Salk 박사는 공로를 인정받아 자신의 이름을 딴 연구소를 지을 수 있게 됐다. 그는 펜실베이니아대학 건축학과 교수인 루이스 칸 Louis Isadore Kahn 에게 연구소 건축을 의뢰했다. 그러고는 다른 무엇보다 연구소 천장을 높게 지어 달라고 요청했다.

사실 그는 소아마비 백신 아이디어를 연구소가 아닌, 몇백 년 전에 지어진 수도원 안에서 떠올렸던 경험이 있었다. 답답한 연구소보다 천장이 굉장히 높았던 덕분에 더욱 창의적인 아이디어가 나올 수 있었다고 생각한 조너스 박사는 루이스 교수에게 자신의 경험담을 이야기했다. 그리고 실제로 연구소 천장 높이를 3미터 이상으로 설계해 짓게 했다. 과연 천장 높이와 창의성 사이에 연관이 있을까?

미네소타대학 경영학과 교수인 조앤 마이어스 레비Joan Meyers-Levy는 천장 높이가 창의적인 생각과 사고에 영향을 미치는지를 알아보기 위해 실험을 설계했다. 먼저 실험 진행자는 천장 높이가 각각 다른 세 공간에 들어간 참가자들에게 두 가지 문제를 냈다. 첫 번째 문제는 서로 다른 개념을 자연스럽게 연결하는 창의적 문제였고, 두 번째 문제는 단순하지만 집중력이 필요한 연산 문제였다. 천장이 높은 곳에 있는 참가자들일수록 창의적 문제를 두 배 이상 잘 풀고, 천장이 낮은 곳에 있는 참가자들일수록 집중력을 요구하는 연산 문제를 더 잘 풀었다. 이 결과는 2008년 8월 국제 학술지 〈소비자행동저널〉에 실리며 공인을 받았다.

한편 2004년 미국 캘리포니아 샌디에이고에서 구성된 신경건축학회Academy of neuroscience for architecture가 탄생하면서 신경건축학Neuroarchitecture이라는 학문이 함께 등장했다. 공간이 인간 사고와 행동에 미치는 영향을 분석하고 더 나은 공간과 건축물을 연구하는 학문이다. 이처럼 공간과 인간의 관계는 계속해서 연구의 대상이 되어 왔다. 해당 학문을 이해하는 데 따르는 어려움은 차치하더라도 공간이 사고와 행동에 영향을 미친다는 점은 분명히 알 수 있다.

사람들은 '끈기 있는 행동' 또는 '실천력'을 이야기할 때 항상 한 개인의 의지 문제로 다룬다. 또한 의지를 강하게 가질 수 있는 심리적 자극에 집중한다. 물론 그런 것들도 중요하지만 공간에 따라 행동이 바뀐다는 점을 적극 활용해야 한다. 자신이 원하는 방향으로 행동을 변화시킬 수 있는 공간을 만들면 노력하는 과정이 훨씬 수월해진다. 하지만 이러한 상관관계를 놓치는 경우가 많다.

직장 생활을 하면서 설치 미술 전시를 해야겠다고 마음먹었을 때 가장 먼저 한 일은 책상부터 정리하고 침대 방향부터 바꾼 것이었다. 다짜고짜 책을 산다고 해서 열심히 볼 것 같지가 않았다. 그보다 책상에 더 자주 더 오래 앉아 있을 방법부터 고민한 것이다. 그래서 책상과 의자를 침대만큼 편한 것으로 바꿨다. 쉴 때도 침대가 아니라 책상 앞에 앉아서 쉴 수 있도록 배치했다. 몸을 뉜 상태로 끝까지 뒤로 젖힐 수 있는 고가의 의자를 사고 아주 부드러운 담요와 방석을 깔았다. 추가로 허리쿠션과 베개까지 사서 달았다.

의자를 바꾸는 데만 꽤 큰돈이 들었다. 하지만 효과는 확실히 있었다. 퇴근하고 집에 와서 제일 먼저 엉덩이를 붙이는 곳이 침대에서 책상 앞으로 바뀌었다. 의지나 노력이 아니라 공간을 바꾸니 자연스레 책상에 오래 붙어 있게 됐다. 그리고 그렇게 앉아 있다 보니 TV를 보는 시간보다 책상에서 무언가를 끄적이는 시간이 늘었다. 의자에 앉아 쉬다 보니 책상 앞에 붙여놓은 포스트잇이 눈에 들어오고 또 책이 손에 잡혔다. "매일 책상에 앉아 책을 보고 작품 구상을 해야지."라는 각오와 행동은 의지가 아니라 공간이 만들어줬다.

만약 자신만의 공간을 마음껏 바꿀 여건이 되지 않는다면 책상부터 정리해보자. 그리고 청소부터 깔끔히 시작해보자. 책상 조명이나 집중할 때 도움이 될 만한 향초처럼 자그마한 부분을 바꾸고 채워보자. 내가 가장 오래 머물렀으면 하는 그곳을 내가 가장 편안함을 느끼는 곳으로 변화시켜보자.

이런 관점에서 본다면 내 삶을, 내 행동을 변화시키는 시작은 거대한 것이 아니다. 이불을 정리하고 가득 찬 쓰레기통을 치우고, 널브러진 머리카락을 쓸어 담는 것부터 시작하면 된다. 그처럼 작은 실천이 자신이 생각하는 설레는 내일을 만드는 원동력이 될 것이다.

자신만의 공간을 평온한 마음도 산만하게 바꾸는 패스트푸드 식당으로 만들지, 불편한 마음도 평온하게 바꿔주는 성당으로 만들지는 본인에게 달려 있다. 애매한 재능을 활용한 본격적인 고군분투에 앞서 당신의 공간부터 가장 편안함을 느끼는 곳으로 바꾸는 것이 중요하다.

직장 생활, 또는 생계 비용 유지와 병행하며 애매한 재능을 개발하고자 하는 우리에게 이것은 매우 중요한 부분이다. 아무리 애매한 재능을 쉽고 가볍게 구성하더라도, 생계 활동과 병행하기 위해선 이전과는 다른 노력의 태도가 필요하다. 그리고 노력이 필요할 때 단순히 심리적 각오로만 버티려고 하지 말고 이렇듯 환경을 바꿔서 진행해보자. 그러면 훨씬 더 큰 도움이 될 것이다.

단정 짓지 말자

"하나를 보면 열을 안다." 나는 개인적으로 이 말을 좋아하지 않는다. 하나를 본다고 절대 열을 알 수 없다. 그리고 하나를 잘못 보면 나머지 아홉 가지를 잘못 보게 된다. 수십 년을 함께 살아와도 잘 모르는 게 사람이고 인간관계다. 게다가 나 자신도 나를 잘 모르는데 어떻게 다른 사람의 한 가지 면모만을 보고 열 가지를 알 수 있다는 것인가. 그것은 정확히 말하자면 자기가 임의로 정해놓은 기준으로 분류하는 것일 뿐, 그 사람을 정확히 보고 판단하는 게 아니다. 그런데 자기 기준으로 누군가를 임의적으로 분류한 것을 마치 그 사람에 대해 통달한 것처럼 말하고 행동해서는 안 된다. 내가 보는 것, 알고 있는 것이 전부가 아니다. 반드시 그것을 깨닫고 늘 염두에 둬야 한다.

"초등학생이 그려도 저 정도는 그리겠다. 저런 그림은 그냥 유명한 사람이 그려서 가치 있을 뿐이에요."

지인과 우연히 미술에 대해 이야기하다가 설전이 벌어졌다. 피카소Pablo Picasso의 작품을 보고 무가치한 그림일 뿐이며, 그저 돈 있는 사람들이나 유명한 사람들이 만든 돈 놀이라는 말에 불쑥 화가 치밀어 올라왔다. 그런데 곰곰이 생각해보니 대다수의 사람이 현대 미술을 그런 관점에서 바라보고 있을 것이란 생각이 들었다.

일반적으로 현대 미술은 20세기 이후의 회화, 조각, 사진 등을 포함한 예술을 의미한다. 그리고 현대 미술 하면 떠오르는 대표적인 인물이 피카소다. 미술을 전혀 모르는 사람도 한 번쯤 들어봤을 것이다. 대부분 피카소의 작품을 처음 본 사람들의 반응은 "이게 뭐야, 이런 것도 예술이야?"라는 탄식이다. 정말로 그의 작품은 멋지다는 말보다 난해하고 어지럽다는 표현이 더 잘 어울린다. 그렇다면 왜 그런 작품이 현대 미술에서 그토록 중요하다고 평가받는 걸까? 어떤 이유로 피카소가 현대 미술의 거장이라 불리는 것일까?

중세 르네상스 시대의 미술부터 현대 미술 전까지 500년의 시간 동안 미술의 패러다임은 동일했다. 얼마나 똑같이 그리느냐, 얼마나 더 정교하게 그릴 수 있느냐가 예술의 중요한 기준이었다. 그도 그럴 것이, 그림이 아니고서는 무언가를 재현하는 기술이 부재했다. 당시에는 그림이 종교 또는 상위 계층으로 불리는 왕족과 귀족들의 전유물처럼 여겨졌다. 사람들은 성경에 나오는 신화, 또는 왕족과 귀족의 얼굴과 모습이 눈앞에 생생하게 펼쳐질 때 믿음이 더욱 커졌다. 따라서 얼마나 사실적으로 그릴 수 있는지가 중요했다.

당연히 미술의 가장 큰 가치는 '완벽한 재현'이었다.

그런데 어느 날 갑자기 '사진'이라는 신기한 기술이 등장했다. 제 아무리 뛰어난 화가가 섬세하게 그렸어도 사진을 따라잡을 수는 없었다. 무엇보다 효율성이 훨씬 좋았다. 화가 앞에 몇 시간씩 모델이 서 있을 필요도 없었고, 화가의 노동력과 고유한 기술도 필요 없었다. 그저 한순간 담아낼 피사체와 셔터를 누를 손가락 힘만 있으면 됐다. 500년간 지속되어온 미술의 절대적 위상이 추락하는 순간이었다. 그렇게 사진 기술이 등장하고 나서 피카소라는 인물이 나타났다.

피카소는 인간이 어떤 대상을 볼 때 한 시점으로 보지 않는다고 생각했다. 정면도 보지만 옆도 보고 뒤도 보고, 아래에서도 보고 위에서도 본다. 또 오랜 시간 함께 지내다 보면 대상이 더 사랑스럽게 보이기도 하고, 더 이상하게 보이기도 한다. 이전까지의 미술은 대상의 한 단면만을 바라보고 그걸 오롯이 담아내는 데 집중했었다. 하지만 피카소는 보이는 것보다 본질이 중요하다고 판단했다. 그리고 본질을 담기 위해 다양한 각도의 모습을 한 장면에 모두 그려냈다.

기존의 미술을 자신과 마주한 모습만 비추는 거울에 비유한다면, 피카소의 미술은 한 장면, 한 대상도 다양한 모습으로 비춰내는 큐비즘이라 할 수 있다. 물체의 외관을 재현하기보다 본질을 표현하는 데 집중한 것이다. 그리고 이러한 생각과 작품들을 통해 기존 회화가 가지고 있던 패러다임의 한계를 뛰어넘었다는 평가를 받는다.

피카소가 인정을 받는 핵심은 생각의 틀을 벗겨냈다는 데 있다. 그래서 그가 대단하다고 일컬어지고 칭송받는 것이다. 결국 현대 미술의 시초가 됐다. "어떻게 기존의 패러다임을 깰 것인가?" 이러한 질문에 대한 답을 찾는 과정이 지금의 미술이다. 평범한 소변기에 '샘'이라는 제목을 붙인 작품을 전시회에 제출한 마르셀 뒤샹 Marcel Duchamp도 마찬가지다. 미술 작품은 본인이 직접 제작해야 한다는 관념에서 벗어나 기성품을 표현의 한 수단으로 활용한 것이다. 이것을 통해 다시금 미술의 패러다임이 깨졌다.

이제부터는 피카소의 그림이 조금 다르게 보일 것이다. 뒤샹의 작품도 단순한 장난으로만 보이지 않을 것이다. 앤디 워홀의 작품에도 또 다른 깊은 의미가 있지 않을까 하고 한 번 더 고민하며 살펴보게 될 것이다. 지금껏 수년간 가져왔던 생각이 지금 책장을 넘기고 있는 몇 분 사이에 분명 달라졌을 것이다. 우리 주변에는 가치가 없다고, 말이 안 된다고 쉽게 재단해버리는 것들이 정말 많다. 사실 그 내용을 조금 더 깊이 따져보면 말이 되고 가치 있는 것들로 넘친다. 그저 자신이 몰랐을 뿐이다.

자신이 가진 애매한 재능을 들여다보고 본격적으로 고군분투하기 위해 필요한 태도는 열린 관점과 태도다. '저건 아니야, 에이 이

건 안 되지, 이건 틀렸어'처럼 쉽게 단정 짓는 습성이 있다면 모두 털어내야 한다. 그냥 보기에는 아무 의미 없어 보이던 미술 작품이 왜 그토록 비싼 가격을 받는 작품인지를 알게 되는 순간, 우리는 깨닫게 된다. 아는 만큼 보이고, 아는 만큼 열리고 아는 만큼 가치 있게 된다는 것을. 그리고 그러한 태도는 어떤 대상이나 현상을 바라볼 때 쉽게 단정 짓지 않고 한 번 더 고민하고 공부할 수 있는 계기를 제공한다. 애매한 재능은 이러한 열린 사고와 관점이 있을 때 더욱 빛을 발한다.

어떤 일이 말도 안 되고 어색하다고 느껴질 때가 있다면 다시 한번 고민해보자. 내가 그것에 대해 정말 잘 알고 있는지, 정말 그것이 가치 없는 것이 맞는지 말이다. 그리고 무엇보다 한 개인은 외부의 모든 정보를 알 수 없다. 그렇다면 단순히 트렌드를 쫓기보다 자신을 더 빠져들게 만들고, 흥미를 유발하고, 편안하게 만드는지에 집중하는 것이 더욱 자신의 애매한 재능을 발휘하기에 더 유리하다. 그리고 이러한 태도와 관점을 충분히 익혔다면 이제 남은 건 당신의 애매한 재능을 어떤 플랫폼으로 담아내고 전할지를 정하는 것이다. 이제 우리에겐 고군분투하는 순간이 기다리고 있다.

TALENT

애매한 재능
증폭의 기술

Part 4.

나의 애매함에 부합하는
카테고리는?

나침반이 되어 줄
플랫폼 지도

가까운 지인이 식당 창업을 준비한다고 가정해보자. 아직 어떤 음식을 만들지, 누구한테 팔지 정하지도 않은 상태다. 그런데 목 좋은 위치에 가게가 나왔다는 소식을 들었다. "난 여기가 좋은 거 같아. 여기서 장사 할래." 이렇게 말하면서 덜컥 계약하려고 한다면 어떨까? 대부분은 조금 더 알아보고 시작해야 하는 것 아니냐고 말릴 것이다. 장사를 하려는 사람이 어떤 음식을 잘 만들고 잘 팔 수

07
나의 애매함에 부합하는 카테고리는?

있는지, 또 그가 운영할 수 있는 자금과 능력은 어느 정도인지에 따라 가게의 평수와 상권, 보증금과 월세 등을 세심히 고민하고 신중하게 선택해야 한다. 그런 과정도 없이 "아, 여기서 장사하면 사람들이 잘될 거래."라고 말하며 부동산 계약서에 도장부터 찍는다면 문제는 심각해진다. 어쩌다가 잘될 수도 있다. 그런데 상식적으로 생각해보자. 모든 조건과 상황을 고려하고 신중히 움직여도 성공 여부가 불투명한데, 그렇게 베팅하는 게 맞을까? 굳이 그렇게 할 필요가 있을까?

어떤 음식을 파느냐에 따라 필요한 공간과 위치는 다르다. 국숫집을 운영하는 것과 파스타집을 운영하는 것은 다르다. 파스타집이라면 주방은 다소 좁더라도 상대적으로 홀이 넓은 쪽이 좋다. 양식은 보통 손님들이 편안한 분위기에서 즐기는 음식이기에 테이블과 테이블 사이가 서로 가깝게 붙어 있는 것보다는 멀찍이 떨어져 있어 자리에 앉은 손님들이 다른 사람의 시선이나 행동을 신경 쓰지 않도록 해야 한다. 상권도 연인들의 데이트 코스 또는 가족 외식이 집중되는 곳이 유리하다.

반면 국숫집은 빠른 테이블 회전율이 관건이다. 손님들도 국수 한 그릇을 가볍게 먹는 것으로 인식돼 있어 편안한 인테리어보다는 간단히 빨리 먹고 갈 수 있는 것을 더 중요하게 생각한다. 바 테이블 형태로 만들어 홀을 좁게 쓰더라도 주방을 넓히고 동선이 편한 것이 좋다. 빠르게 자주 음식을 만들어 손님한테 전달해야 하기 때문이다. 따라서 상대적으로 테이블 간격이나 인테리어에 대한 개입성이 적다. 상권은 간단하게 끼니를 때우려는 사람이 많은 학원가나 지하철 근처가 유리할 것이다.

이렇듯 가게 구조와 상권만 따져도 생각하고 고민해야 할 사항들이 많아진다. 가게 입지라는 전체적인 부분을 고려하면 훨씬 더 복잡해진다. 그런데 이러한 모든 것들을 고려하지 않고 "여기서 하면 잘 된대."라는 말만 믿고 부동산 계약을 하는 것은 무모한 짓이다. 하지만 최근 유행하는 N잡러, 그리고 지금 우리가 고려 중인 사이드 프로젝트를 시작할 때 이러한 실수를 범하는 사람이 꽤 많다. "야, 이거 돈 된다더라." "누가 이걸로 돈 많이 벌었다더라." "오, 그럼 나도 할래." 하면서 자신의 콘텐츠가 무엇인지에 대한 고민도 없이 스마트스토어, 블로그, 유튜브, 전자책 제작 등 사이드 프로젝트와 플랫폼부터 정하는 사람들을 수없이 봤다.

개인이 생산하는 콘텐츠는 손님들에게 내놓는 음식, 즉 상품이다. 각각의 플랫폼은 대중들에게 자신의 음식을 선보일 가게 자리다. 국수를 잘 만드는지, 파스타를 잘 만드는지, 또는 투자 가능한 노력과 비용 등을 고려했을 때 국숫집을 운영하는 게 좋을지, 파스타집을 운영하는 게 좋을지 다 다르다. 한 사람이 모든 것을 다 잘할 수는 없다. 더 잘하거나 덜 잘하거나, 더 좋아하거나 덜 좋아하는 게 분명 있다. 이런 편차와 성향이 있기에 어디서 팔지를 정하기에 앞서 무엇을 팔지부터 정해야 한다. 만약 이 과정을 거꾸로 밟게 되면 문제가 발생한다. 많은 사람이 사이드 프로젝트를 호기롭게 시작하지만 한 달도 못 가 김빠진 맥주처럼 그만두는 이유가 바로 이것이다.

자신이 잘하고 좋아하고 편하게 느끼는 것이 아니라 위치와 상권을 우선적인 기준으로 삼으면 당연히 자신이 원하는 메뉴가 아닌 위치와 상권에 맞는 메뉴를 만들어야 한다. 자신에게 익숙하지도 않고 편하게 느끼지도 못하는 상황 속에서 하루하루를 이어가면 오래 하기도 힘들다. 어떤 일을 할 때는 꾸준히 하는 것이 가장 중요한데 치명타를 입을 수밖에 없다.

다행히 우리는 '애매한 재능 개발'을 통해 자신이 어떤 음식(재능, 콘텐츠)을 잘 만들고 편하게 만들고 꾸준히 만들 수 있는지를 확인했다. 자신만의 독특한 콘셉트와 맛을 덧입히는 방법까지 찾았다. 무엇을 팔지를 명확히 알고 있는 것이다. 이제 본격적으로 어디서 팔지를 선택해야 할 차례다.

쌀이라는 하나의 식재료를 가지고 어떻게 조리하느냐에 따라 밥을 만들 수도 있고, 떡을 만들 수 있고, 죽을 만들 수도 있다. 음료인 식혜를 만들 수도 있다. 자신의 애매한 재능도 어떤 플랫폼을 활용하느냐에 따라 결과는 달라질 것이다. 자신이 찾아놓은 '쌀'이라는 재료로 밥 만드는 과정을 더 즐길지, 떡 만드는 과정을 더 편하게 느낄지, 아니면 식혜를 만드는 과정을 가장 좋아할지 따져보고 선택해보자.

나는 스물다섯 살에 겁도 없이 휴학계를 제출하고 친구 두 명과 함께 1년 동안 작은 음식점을 운영한 경험이 있다. 장학금을 받아 모은 돈과 군대 전역 후 매월 아르바이트를 하면서 모은 돈 2천만 원을 종잣돈 삼아 시작했다. 2천만 원으로 가게 보증금, 권리금, 인테리어, 집기 비용까지 다 마련해야 하는 상황이었다. 그 돈으로 가게 준비를 무사히 끝내려면 몸으로 뛰는 수밖에 없었다. 간판을 제외하고, 철거부터 인테리어까지 모든 것을 전부 셀프로 진행했다. 가게 계약도 부동산을 100곳 넘게 다니며 찾은 덕분에 저렴하게 좋은 곳을 얻었다. 그때 받은 부동산 명함만 명함용 박스로 세 통 넘는 분량이었다.

결과적으로 가게는 1년 만에 접어야 했지만 가게를 준비하고 운영하면서 깊이 깨달은 게 있다. 어떤 일이든 급하게 뛰어들지 말고 최대한 많은 선택지를 확보해야 한다. 그리고 자신이 확보한 선택지가 아무리 다양하고 복잡해 보여도 반드시 분류할 수 있는 기준이 있다. 그것을 발견하고 정리할 때 많은 정보와 내용을 훨씬 더 쉽게 이해할 수 있다. 조바심을 내지 않고 최대한 많은 정보를 취합하고 그 정보를 명확한 기준으로 분류해 바라볼 때 더 나은 결정을 내릴 수 있는 조건을 갖게 된다는 것이다. 그럼 이제부터 본격적으로 '사이드 프로젝트', 애매한 재능의 개발이라는 목적을 위해 마련할 수 있는 선택지부터 살펴보고 분류해보자. 여러분이 직접 정리할 필요 없도록 미리 구성해놓았으니 함께 살펴보도록 하자.

플랫폼 유형은 재능 공유·판매 플랫폼, 콘텐츠 유통 플랫폼, 크라우드 펀딩, 상품 제작 플랫폼, 상품 유통 플랫폼, 오프라인 기반 플랫폼 등 크게 다섯 가지로 나뉜다. 각각의 유형별 특징과 플랫폼들을 소개하겠다.

재능 공유·판매 플랫폼

재능을 명확한 상품으로 구성해 거래할 수 있는 플랫폼 유형이다. 대표적인 형태가 온라인 강의, 전자책 판매, 기술(노동) 제공 등이 있다. 일정 수준의 구독자 또는 영향력을 갖춰야 수익 활동이 가능한 콘텐츠 유통과 다르게 바로 수익화가 가능하다. 특정 재능을 상품화해 건별로 판매하는 개념이다. 대표적으로 크몽, 클래스101, 숨고, 세바시랜드, 탈잉, 아이디어스 등의 플랫폼이 있다. 이 외에도 여러 플랫폼이 있으나 사람들의 인지도나 신뢰성이 높은 플랫폼들만 추려서 선정했다.

[크몽: kmong.com] '프리랜서 No.1. 마켓 크몽'은 디자인, 번

역, 영상편집, 프로그램 개발 등 전문 분야의 프리랜서들을 대중들과 간단하게 연결해주는 플랫폼으로 시작했다. 지금은 그 범주가 넓어져 면접 요령, 업무 노하우, 운세, 고민 상담, PPT 디자인 등 다양한 분야에서 진행되고 있다. 특히 개인 노하우를 담은 문서 판매가 많이 이뤄진다. 평범한 분야라도 독특한 노하우와 지식이 있다면 문서로 정리해 한번쯤 판매해보길 추천한다.

[클래스101: class101.net] '준비물까지 다 챙겨주는 온라인 클래스'라는 캐치프레이즈처럼 플랫폼 론칭 초반에는 미술, 공예, 요리 등 준비물이 필요한 취미 분야의 온라인 클래스에 중점을 두었다. 하지만 지금은 부동산이나 주식 등의 재테크, 직무 교육, 데이터 개발, 자기 계발 등 다양한 분야에서 온-오프라인 강의를 제공하고 있어 크리에이터 신청을 통해 클래스를 운영할 수 있다.

[세바시랜드: studio.sebasiland.com] 대한민국에서 독보적인 강연 플랫폼 하면 단연 '세상을 바꾸는 시간 15분', 세바시다. 자신만의 노하우와 이야기를 지닌 사람이라면 누구나 한 번쯤 이 무대에 서보고 싶어 한다. 하지만 여러 여건상 그 기회가 희망하는 모두에게 돌아가기는 어려웠다. 하지만 이제는 '세바시랜드'를 통해서 누구라도 자신의 이야기를 15분의 강연으로 구성해 티처가 될 수

있게 됐다. 세바시랜드를 통해서 자신이 직접 촬영한 영상을 코스로 구성하고 가격을 책정해 등록하면 된다. 코스 등록이 완료되면 코스 참여자인 러너들과 소통할 수 있는 커뮤니티를 운영할 수 있다. 나아가 자신과 같이 코스 등록을 한 티처가 세 명 이상 모이면 스쿨을 만들어서 브랜딩 활동도 가능하다. 세바시의 브랜드 파워가 상당한 만큼 자신만의 독특한 이야기가 있다면 브랜딩 활동의 일환, 또 수익 창출의 방법으로서 활동해보길 추천한다.

[아이디어스: idus.com] '핸드메이드, 수공예 작가님들의 작품을 살 수 있는 장터 서비스'라는 설명처럼 개인의 수제품이나 작가의 작품을 거래하는 서비스로 시작했다. 지금은 소품 이외에도 여러 종류의 식품과 의류까지도 활발히 거래되고 있다. 또한 오프라인 클래스를 개설해 인원을 모집하여 운영할 수도 있다. 손재주가 좋다면 아이디어스를 방문해 살펴보길 바란다.

[탈잉: taling.me] '배움을 재밌게 탈잉! 나만의 튜터에게 배워보세요'라는 문구처럼 수업이 장기적으로 진행되는 편이며 튜터와의 1대1 채팅을 운영한다. 탈잉을 통해 강의 콘텐츠를 구성하고 싶다면 실시간 답장, 지속적인 커뮤니케이션이 가능한 환경을 함께 갖추고 있어야 한다. 단편적인 재능 판매보다는 소통하며 가르친다는

개념에 가깝다. 튜터가 되어 누군가를 가르치는 데 흥미가 있거나 관심이 있다면 더욱 잘 맞을 플랫폼이다.

[숨고: soomgo.com] 숨고는 '숨은 고수'의 줄임말이다. '500만 명이 선택한 생활 서비스 고수 매칭'이란 문구처럼 인테리어, 청소, 방역, 이사, 반려동물 등 생활 서비스에 중점을 두고 있다. 고객이 재능 구매를 할 때 플랫폼 내에 노출된 상품을 선택하는 방식이 아니다. 고객이 원하는 재능, 내용을 기입하면 플랫폼에서 그에 맞는 숨은 고수(재능판매자)를 찾아서 연결하고 견적서를 받을 수 있도록 한다. 이런 특징 때문에 가격 비교가 필요한 인테리어나 홈 리빙 분야에서 강세를 보이기도 한다. 하지만, 전문가를 선택하지 않더라도 견적서를 받게 되면 수수료를 고객이 지불해야 한다. 반대로 재능 판매자 입장에서 생각한다면 견적서를 보내기만 해도 수익이 발생된다. 홈 리빙, 생활 서비스와 관련한 애매한 재능이 있다면 숨고를 참고하길 바란다.

[프립: frip.co.kr] 여가 활동, 스포츠, 문화 예술 등 예체능 분야에 특화된 플랫폼이다. 예체능 쪽에 애매한 재능이 있어 강의를 구성하거나 오프라인 모임을 운영할 계획이라면 프립을 추천한다.

[솜씨당: sssd.co.kr] '취미 하나쯤은 괜찮잖아'라는 대표 문구처럼 취미와 관련된 다양한 미술, 음악, 요리, 수공예 클래스에 집중되어 있다. 핸드메이드 작품과 음식들도 판매 가능하다.

[에듀캐스트: educast.com] 온라인 강의 중심 플랫폼이다. 대학 및 중고등부 강의 카테고리가 있다. 이 외에도 수능 대비 한국사부터 화학, 법학 등 대학 전공 강의가 구성되어 있다. 글쓰기 강의, 어학, 미술, 자산관리, 악기 레슨 등의 온라인 강의들도 개설하고 판매할 수 있다.

[인프런: inflearn.com] 교양, 커리어, 업무 스킬, 마케팅 등 다양한 분야에 온라인 강의들이 있지만 IT 개발, 프로그래밍, 데이터 영역에 더욱 특화되어 있다. IT 관련 지식 및 재능이 있다면 꼭 한번 확인해보길 추천한다.

이 외에도 여러 가지 재능 공유 플랫폼들이 등장하고 있다. 무엇보다 사람들이 가장 많이 찾고 신뢰하는 플랫폼 위주로 접근해 선택하는 것이 좋다. 다만 설명한 것처럼 각 플랫폼마다 중점 분야가 있고 재능 판매자가 갖춰야 할 조건과 따라야 할 양식들이 있다. 자신의 애매한 재능과 호흡이 잘 맞을 것 같은 플랫폼을 선택해보자.

콘텐츠 유통 플랫폼

가장 대중적인 플랫폼 유형이다. 개인 콘텐츠를 단편적으로 판매한다는 개념보다 콘텐츠에 대한 관심(트래픽)을 끌어올려 일정 수준 이상 영향력을 구축해 다양한 활동을 이어나가기 적합한 유형이다. 그래서 해당 플랫폼에는 구독자 개념이 존재한다. 대표적으로 유튜브, 네이버 블로그, 페이스북, 인스타그램, 틱톡, 브런치, 팟빵 등이 있다. 이 외에도 홈페이지 제작 플랫폼 아임웹, 뉴스레터 플랫폼 스티비도 여기에 해당된다. 플랫폼별 성격이 다양하고 대중적이기에 폭넓은 주제로 꾸준히 운영하고 노출하는 데 적합하다. 해당 유형의 각 플랫폼을 살펴보자.

[유튜브: youtube.com] 2006년 구글이 동영상 공유 플랫폼인 유튜브를 16억 5천만 달러, 한화로 2조 원에 가까운 금액으로 인수한다고 했을 때 일부에서는 인수 금액이 너무 많다고 이야기하기도 했었다. 하지만 지금 와서 생각해보면 그것은 신의 한 수였다. 유튜브는 전 세계인의 필수 플랫폼이 됐다. 유튜브의 가장 큰 장점은 구글 애드센스와의 연계로 일정한 구독자와 시청 시간을 갖추면 사람들의 영상 시청만으로도 수익 창출이 가능하다는 점이다. 또한 플랫폼 영향력이 강력하기 때문에 채널의 콘셉트가 명확하게 잡혀 있다면 광고 및 협업이 활발하게 진행된다. 그리고 콘텐츠 생산자를

위한 온라인 스튜디오를 마련해 채널 및 영상 분석이 수월하며 콘텐츠 업로드가 용이해 운영 편리성이 높다.

[네이버 블로그: section.blog.naver.com/BlogHome.naver]
블로그는 웹web과 로그log의 줄임말로, 개인이 운영하는 웹사이트를 통칭한다. 개인 홈페이지 개념에 가까웠으나 사람들이 특정 주제나 카테고리에 집중해 글과 사진을 올리는 형태로 범주화되며 진화했다. 네이버 이외에 타업체들도 블로그 플랫폼을 제공하고 있지만, 한국에서는 네이버에서 운영하는 네이버 블로그의 영향력이 가장 크다. 또한 운영자를 위한 다양한 도구들도 섬세하게 제공돼 이용 편의성도 높다. 유튜브가 동영상 기반이었다면 네이버 블로그는 사진과 텍스트 중심이다.

[팟빵: podbbang.com] 팟빵은 국내 최대 오디오 기반 콘텐츠 플랫폼이다. 개인이 만들어 송출하는 라디오라고 이해하면 된다. 다른 채널에 비해 상위 콘텐츠 승자독식 구조가 강하다. 방송처럼 실시간 각 콘텐츠별로 청취율 순위가 제공된다. 최근에는 오디오 콘텐츠 녹음을 위한 스튜디오 대여 서비스도 많아졌다. 언젠가 라디오를 꼭 한번 해보고 싶었다면, 또는 자신의 애매한 재능이 오디오 형태가 좋겠다고 생각된다면 이 플랫폼을 활용하면 좋다.

[브런치: brunch.co.kr] '글이 작품이 되는 공간'이란 캐치프레이즈처럼 텍스트 기반의 콘텐츠 플랫폼이다. 브런치에서는 출판사들과 연계해 작가 지원 프로젝트를 정기적으로 실시한다. 대신 브런치에 콘텐츠를 게시하려면 작가 등록 심사를 거쳐야 한다. 책이 있는 저자나 특별한 스토리가 있는 사람만 될 수 있는 건 아니니 걱정할 필요는 없다. 실제로 브런치를 통해 작가로 데뷔한 사람들이 많으며, 100만 부가 넘게 팔린 《90년대생이 온다》도 브런치를 통해 발굴된 책이다. 만약 자신의 콘텐츠와 애매한 재능을 글로 표현하고 정리해보고 싶다면 브런치를 강력 추천한다.

[페이스북: facebook.com] 가장 널리 쓰이는 소셜네트워크서비스다. 페이스북은 연결성이 강한 플랫폼이다. 내가 공유한 것 또는 좋아요를 누른 메시지가 나와 연결된 사람 피드에 노출된다. 그것을 또 다른 사람이 좋아요를 누르면 그 사람의 친구의 피드에도 올라가게 된다. 단 두세 명의 좋아요만으로도 수백에서 많게는 수천 명에게 노출된다. 이러한 연결성 때문에 많은 기업에서 광고 매체로 활용하고 있다. 반면 그런 특징 탓에 특정 범위 내에서 관계를 맺거나 콘텐츠를 노출하고 싶은 사람들에게는 어울리지 않는다. 참고로 개인 계정은 5천 명까지 친구를 추가할 수 있지만, 페이지를 만들면 인원 제한 없이 팬 수를 늘릴 수 있다.

[인스타그램: instagram.com] 사진 및 동영상을 공유하는 소셜 미디어 플랫폼이다. '세상의 순간들을 포착하고 공유한다'라는 슬로건처럼 이미지 기반의 플랫폼이다. 사진이나 짧은 영상 위주로 자신의 콘텐츠를 노출하거나 기록하고 싶다면 인스타그램이 제격이다. 이미지 중심으로 콘텐츠가 노출돼서 스마트스토어 같은 상품 판매의 홍보 수단으로도 적극 활용되고 있다. 인스타그램의 실시간 라이브 방송도 많은 사람들이 즐겨 찾는 기능이다.

[틱톡: tiktok.com] 최대 1분의 짧은 영상으로 자신을 표현하고 드러내는 숏 비디오 플랫폼이다. 가장 큰 특징은 틱톡에서 제공하는 음원, 스티커, 편집 기능, 템플릿 등 다양한 소스를 활용해 기발하고 재미난 영상 촬영이 가능하다는 점이다. 이를 기반으로 독창적인 비디오 콘텐츠를 찍을 수 있다.

[스티비: stibee.com] 구독 경제가 화제가 되면서 이메일 마케팅이 뉴스레터라는 이름으로 다시금 주목받기 시작했다. 앞선 채널들이 불특정 다수를 대상으로 자신의 콘텐츠를 노출하고 구독자를 유도하는 개념이라면, 뉴스레터 형식은 구체적으로 설정된 사람들을 대상으로 진행한다. 그리고 콘텐츠에 대한 고객 충성도가 높다. 스티비의 경우 제공되는 템플릿을 통해 멋진 디자인의 이메일을 손

쉽게 만들 수 있다. 또한 구독자 반응을 데이터로 상세하게 확인할 수 있다. 무료 이용이 가능하며 유료 전환 시 메일 용량, 발송 횟수 등을 높일 수 있다.

[아임웹: imweb.me] 웹사이트 제작 플랫폼이다. 코딩이나 포토샵을 몰라도 멋진 홈페이지를 만들 수 있다. 다양한 템플릿을 제공하며 쇼핑몰, 모바일앱도 제작할 수 있다. 관리자 메뉴 또한 상세하게 잘 구성되어 있어 관리도 쉽다. 무료로 이용 가능하며 유료 전환 시 다양한 기능이 추가로 제공된다.

크라우드 펀딩 플랫폼

크라우드 펀딩은 대중을 뜻하는 크라우드crowd와 자금 조달을 뜻하는 펀딩funding의 합성어다. 좋은 사업 아이디어, 의미 있는 콘텐츠를 생산할 수 있는 프로젝트 등을 대중에게 소개해 투자받는 것이다. 사업뿐만 아니라 영화, 연극, 도서, 지역재생 등 다양한 카테고리에서도 활용되고 있다. 예전에는 독특한 프로젝트나 의미 있는 아이디어를 응원하고 실현시킨다는 개념이었으나 최근에는 상품 또는 서비스를 미리 구매하는 것으로 변화된 면이 있다.

[텀블벅: tumblbug.com] '크리에이터를 위한 크라우드 펀딩'

이라는 슬로건처럼 문화예술, 게임, 출판, 공예, 패션 등 다양한 카테고리의 프로젝트들이 올라와 있다. 펀딩 성공 사례를 살펴보면 서점 살리기, 일러스트 작가 지원, 지식 구독 서비스 운영, 출판 지원, 의류 제작 등이 있다.

[와디즈: wadiz.kr] 프로젝트를 오픈하면 펀딩과 투자 중 하나를 선택해야 한다. 펀딩은 프로젝트에 참여한 서포터들에게 주제와 관련된 제품과 서비스를 제공한다. 반면 투자는 주식 또는 채권을 발행해 제공한다. 와디즈는 제품 개발 및 신제품 런칭 등 실제 상품 위주의 프로젝트에 집중되어 있다. 크라우드 펀딩은 자금을 확보하는 것이 최우선 목표지만 자신의 콘텐츠나 제품을 플랫폼 이용자들에게 상세하게 노출하고 설명할 수 있기에 홍보 채널로 활용되기도 한다. 나도 '청춘들의 멘토를 찾아서 떠나는 전국여행'을 주제로 펀딩을 진행했었다. 펀딩 금액을 모두 채우지는 못했지만, 잘 정리된 내용을 올려 참여자들에게 많은 응원을 받았던 기억이 있다.

상품 제작 플랫폼

이제 개인이 제품을 직접 만드는 것도 아주 쉬워졌다. 인터넷에 검색하면 상품 품목별로 굿즈를 제작해주는 업체가 많이 등록돼 있다. 만약 업체들을 찾고 전화하고 비교하며 조율하는 과정이 번거로울 것 같다면 지금부터 소개하는 플랫폼들이 큰 도움이 될 것이다.

[마플: marpple.com] 직접 디자인한 콘텐츠로 다양한 상품을 만들 수 있다. 제작 가능 품목도 노트, 엽서, 폰케이스, 의류, 홈데코 용품, 마우스패드, 스카프, 모자, 신발, 가방, 담요, 쿠션 등 매우 다양하다. 진행도 간편하다. 별도의 프로그램 설치 없이 홈페이지에서 제공되는 온라인 도구를 통해 원하는 이미지를 넣고 위치와 크기를 설정하면 된다.

[위드굿즈: withgoods.net] 위드 굿즈도 손쉽게 디자인할 수 있는 굿즈 제작 온라인 도구를 제공하고 있다. 마플과 다른 점이 있다면 제작한 상품을 위드굿즈에서 바로 판매할 수 있다는 것이다. 다만, 마플과 비교하면 제작할 수 있는 상품 품목이 적다.

상품 판매(유통) 플랫폼

예전에는 쇼핑몰을 창업하려면 별도의 홈페이지를 만들어야 했다. 하지만 지금은 그럴 필요 없이 플랫폼에 입점해 판매하면 된다. 온라인 유통 시장은 워낙 크고 종류도 다양하다. 따라서 개별 플랫폼을 모두 나열하기보다 사용자 입장에서 쉽게 이해하고 찾아 구분할 수 있도록 운영 방법, 세부 유형으로 나누어 소개하겠다.

[운영 방법]

- 사입 판매: 제조사 또는 대형 유통업체로부터 상품을 도매나 소매로 구매한 후 판매하는 방식이다.

- 위탁 판매: 도·소매 구매 없이 무재고로 스토어만 운영하고 홍보한다. 그리고 주문 접수 시 제조 업체 또는 위탁을 맡긴 업체에 주문서를 넘긴다. 그럼 해당 업체에서 배송을 처리한다.

- 해외 구매 대행: 해외 온라인 마켓의 상품을 자신의 스토어에 올린 후, 주문이 들어오면 해외 사이트에서 상품을 구매해 고객에게 바로 전달한다. 위탁 판매와 마찬가지로 무재고 형태로 운영한다.

[플랫폼 유형]

- 오픈 마켓: 네이버 스마트스토어, 쿠팡, G마켓, 옥션, 11번가 등 온라인 유통 사이트에 입점해 판매하는 것이다. 진입 장벽이 낮으며 입점이 쉽고 수수료도 낮다. 단, 입점 업체가 발송뿐만 아니라 고객 응대까지 판매·유통 전반에 관한 모든 과정을 책임져야 한다.

- 소셜 커머스: 티몬, 위메프 등 기존의 소셜 커머스 플랫폼에 입점해 상품을 판매하는 것이다. 주로 소모성 생필품 구매 비중이 높다. 소셜 커머스는 공동구매 개념으로 운영됐으나 지금은

오픈 마켓과 큰 차이점 없이 판매가 이뤄지고 있다.

- 종합몰 플랫폼: 롯데닷컴, GS몰, 신세계몰 등 대기업 종합몰에 입점해 상품을 판매하는 것이다. 다른 채널에 비해 입점이 까다롭고 수수료가 높다. 하지만 입점한 몰에서 고객응대 및 서비스를 관리해준다.

오프라인 활동

애매한 재능을 활용해 오프라인 기반의 플랫폼에서도 다양한 활동을 펼칠 수 있다. 오프라인에서 활동할 때 도움이 되는 플랫폼들을 살펴보자.

[트레바리: trevari.co.kr] '읽고, 쓰고, 대화하고, 친해져요!'라는 대표 문구처럼 독서 모임 기반 플랫폼으로 시작했다. 지금도 여전히 독서 모임 성격을 유지하고 있으나, 책 이외에도 야구 관람, 문과와 이과가 만나서 대화하기, 함께 산책하기 등 다양한 주제로 모임을 개설해 참여자를 모을 수 있다. 참고로 트레바리 멤버는 모두 유료 회원제로 운영된다.

[온오프믹스: onoffmix.com] 온라인과 오프라인을 섞는다는 뜻을 가진 이름처럼 다양한 오프라인 모임을 공유하고 개설할 수

있다. 특정 분야에 집중되어 있다기보다 교육, 세미나, 컨퍼런스, 강연부터 소모임, 예술 활동까지 범주가 넓다. 지자체와 연계된 모임들이 많은 편이다.

[크리에이터클럽: creatorclub.kr] '열정에 기름붓기'라는 업체에서 시작한 모임 플랫폼이다. 소셜 살롱이라는 테마를 지향한다. 취미와 관심사를 나눌 수 있는 모임을 개설할 수 있다. 누구나 원한다면 크리에이터 클럽 지점을 통해 장소와 공간도 제공받을 수 있다. 나이와 직업을 밝히지 않는 것을 원칙으로 한다. 다양한 직업군의 사람들을 만나길 원한다면 추천한다. 유료 회원제로 운영된다.

[부크크: bookk.co.kr] 만약 자신의 글을 온라인이 아니라 오프라인으로 직접 출판해 활동해보고 싶다면 부크크를 이용하면 좋다. 자가 출판 플랫폼인 부크크는 비용을 거의 들이지 않고 책 제작을 할 수 있다. 도서를 미리 인쇄하지 않고 주문이 들어올 때 건별로 인쇄해 발송하기에 가능하다. 책 규격, 표지 재질, 책날개 등 도서 제작에 필요한 상세 영역을 원하는 대로 정할 수 있다. 또한 다양한 템플릿을 통해 세련된 디자인으로 저렴한 가격에 책을 출판할수 있다.

지금까지 이야기한 플랫폼 중 꼭 한 가지만을 선택해야 하는 것은 아니다. 본인이 가진 애매한 재능의 물꼬를 무엇으로 틔울지를 정하는 것이다. 유튜브를 잘 운영하면 책을 쓸 기회가 생긴다. 또 책을 쓰는 작가가 유튜브나 팟빵을 통해 성공적으로 콘텐츠를 운영하기도 한다. 나부터 그러하다. 오프라인 전시로 시작해 강연도 하고 글도 쓰고 있다. 그런데 만약 첫 시작을 전시가 아니라 미술에 대해서 글을 쓰거나 영상을 찍어서 올렸다면 그 물꼬를 쉽게 트지 못했을 것이다.

　만약 카메라 앞에 서 있는 게 훨씬 편하고 자연스러운 사람이 자신의 애매한 재능을 글로 표현하려고 한다면 과정은 힘들 수밖에 없다. 반대로 글을 잘 쓰는 사람이 오프라인 모임을 시작해 운영하려고 한다면 쉽지 않을 것이다. 그래서 자신에게 맞는 플랫폼과 운영 방식을 찾아야 한다. 자신이 선택한 방법이 정작 자신과 맞지 않다면 바꾸면 된다. 또 마음이 향하는 쪽으로 동시에 해볼 수도 있다. 그래서 가볍게, 빨리, 대충 해보는 게 중요하다. 다만 내가 무엇을 할지, 어떻게 할지를 알고 둘러보는 것과 그냥 잘된다고 해서 사람들이 말하는 것만 찾아서 떠돌아다니는 것은 다르다.

　최종적으로는 자신이 가진 애매한 재능을 가지고 앞서 소개한 수많은 플랫폼들을 자유자재로 넘나들어야 한다. 애매한 재능을 가지고 페이스북 페이지를 운영하고, 유튜브에 영상도 찍어 올릴 수 있어야 한다. 나아가 트레바리를 활용해 모임을 만들어 사람들을 직접 만나기도 해야 한다. 이러한 활동을 통해 자신만의 시그니처를 정립하고 디자인해 마플 플랫폼을 활용해 굿즈를 만들어 네이버 스마트스토어에도 팔아보자. 누구라도 자신의 애매한 재능을 마음껏 발휘할 수 있는 여정의 지도가 펼쳐질 것이다.

몰라도 되지만 알아두면 좋은 디자인 정보

어떤 플랫폼을 정해 활용하든 기본적으로 '디자인 작업'은 필요하다. 스마트스토어에 입점해 상품을 팔더라도 사진을 넣고 편집을 해야 한다. 동영상 편집을 할 때도 편집뿐만 아니라 자막 폰트의 배열, 중간에 들어가는 사진 등을 어떻게 써야 할지 고민해야 한다. 글을 쓸 때에도 이미지가 간혹 필요하다. 이때 디자인 경험이 없는 사람은 정말 막막하다. 포토샵이나 일러스트는 고사하고 사진의 색을 보정하고 조정하는 것조차도 어려워하는 사람들이 있다. 하지만 걱정할 필요가 전혀 없다. 지금부터 소개하는 내용만 알고 있어도 아주 수월하게 보통 수준 이상으로 원하는 이미지나 디자인을 만들 수 있다.

온라인 디자인 및 편집 도구

예전에는 디자인 편집을 하려면 특정 소프트웨어를 구매해야 했다. 그리고 각 프로그램을 다루려면 공부도 해야 했다. 하지만 지금은 웹사이트에 접속해 간단하게 디자인 작업을 할 수 있다. 유튜브 썸네일부터 웹 포스터, 카드 뉴스, 로고, 프로필, 웹 배너, 이벤트 팝업까지 종류별로 클릭 몇 번만으로 만들 수 있다. 디자인을 전혀 할 줄 몰라도 괜찮다. 이 도구들만 알고 있으면 당신도 원하는 이미지를 뚝딱 만들 수 있다.

[미리캔버스: miricanvas.com] 대표적인 온라인 디자인 도구다. 비용 걱정 없이 사용할 수 있다. 따로 앱을 설치하거나 다운 받을 필요도 없다. 간단하게 가입만 하면 거의 대부분의 서비스를 무료로 사용할 수 있다. 워터마크나 저작권 문제도 없고 상업적 용도로도 사용 가능하다. 그리고 자신이 작업한 작업물을 PDF, JPG, PNG 등 다양한 형태로 저장할 수 있다. 템플릿과 제공되는 소스도 다양하다. 작업물의 종류에 따라서 레이아웃을 자동 설정해주기 때문에 마음에 드는 템플릿을 선택만 하면 된다. 이 외에 수십 가지의 인쇄용 디자인도 작업 가능하다. 미리캔버스는 2021년 4월 기준 누적 가입자 수가 200만 명을 돌파했다. 그 인기와 실용성은 충분히 입증됐다.

[캔바: canva.com] 캔바 역시 미리캔버스처럼 작업물을 다양한 형태로 저장할 수 있고, 작업에 따라 그에 맞는 기본 레이아웃이 설정되어 나온다. 하지만 유료와 무료의 템플릿 구분이 크다. 5만여 개의 템플릿 중 약 6천여 개가 무료로 제공된다. 무료로 사용한다고 해서 워터마크가 있거나 광고가 붙는 것은 아니다. 하지만 미리캔버스에 비해 한글 글꼴 및 템플릿 제한이 많다. 해외 사이트인 만큼 한글보다는 영어로 검색할 때 관련 소스들이 더 많이 나오니 참고하면 좋다.

[망고보드: mangoboard.net] 망고보드도 앞선 도구들과 큰 차이점은 없다. 다만 무료로 사용 시 망고보드 워터마크가 작업물에 노출된다.

이상 세 개의 온라인 디자인 도구들을 살펴봤다. 각 사이트마다 고유한 특징과 강점이 있다. 하나만 사용하기보다 각 플랫폼을 모두 둘러보며 자신이 지향하는 디자인 성격에 맞는 도구를 사용하면 된다.

글꼴은 인테리어로 치면 조명
고급 레스토랑에 가면 가장 먼저 조명이 눈에 띈다. 아늑한 조명이 비추고 있는 내부를 보면 괜스레 마음이 편안해진다. 테이블 위로 나오는 음식도 더 먹음직스럽고 고급스러워 보인다. 은은한 조명 덕분에 흘러나오는 배경 음악, 음식의 냄새도 더 진하게 느껴지는 것 같다. 그런데 일순간 갑자기 하얀 백열등이 켜진다면 어떻게 될까? 말 그대로 분위기가 깨진다. 레스토랑의 실내 풍경은 바뀐 것이 없어도 조명 하나 바뀐 덕분에 모든 분위기가 바뀌고 만다.

디자인에서도 조명과 비슷한 역할을 하는 요소가 있다. 바로 글꼴이다. 아주 단순하고 가벼운 것처럼 보일지 몰라도 글꼴은 디자인 전체의 분위기를 지배하는 강력한 장치다. 정말 과장이 아니라, 글꼴만 잘 써도 이미지 또는 내용 전반이 훨씬 더 살아난다. 다음 페이지에 예시로 든 이미지를 살펴보자. 똑같은 구성에 똑같은 내용을 다룬 이미지이지만 분위기가 완전히 다르다. 바로 글꼴 때문이다. 이처럼 글꼴은 디자인 작업의 기초다. 어떤 글꼴을 쓰느냐에 따라 세련되게 보이기도 하고, 촌스럽게 보이기도 한다.

최근에는 글꼴 자체를 미적 요소로 활용해 디자인하기도 한다. 하지만 글꼴의 첫 번째 목적은 가독성이다. 내용을 쉽고 편하게 전달하는 것이 제일 중요하다. 따라서 자신이 이야기할 내용이 두세 줄 이상 넘어간다면 디자인적으로 변형이 많은 글꼴보다는 최대한 깔끔한 글꼴을 선택하는 것을 추천한다. 그래도 멋지고 화려한 글꼴을 꼭 써야겠다면 제목이나 강조할 부분만 구분해서 사용하는 것

| 기획배경

많은 사람들이 (하고 싶은 일)과 (해야 하는 일) 사이에서 갈등한다.

하지만 한 분야의 탁월한 재능을 타고나지 않는 한,

하고 싶은 일 을 선택해 살아가는 사람은 불안한 미래와 현실 때문에 걱정이고

해야 하는 일 을 선택해 살아가는 사람은 자신이 원하는 삶의 모습이 아니라 고민이다.

before

after

| 기획배경

많은 사람들이 [하고 싶은 일]과 [해야 하는 일] 사이에서 갈등한다.

하지만 한 분야의 탁월한 재능을 타고나지 않는 한,

하고 싶은 일 을 선택해 살아가는 사람은 **불안한** 미래와 현실 때문에 걱정이고

해야 하는 일 을 선택해 살아가는 사람은 자신이 **원하는** 삶의 모습이 아니라 고민이다.

Part 4
애매한 재능 증폭의 기술

이 좋다.

글꼴은 어디에서 어떻게 구해서 써야 할까? 요즘은 각 기업이나 지자체마다 고유의 글꼴을 만들어 배포하고 있다. 배달의 민족 한나체, 도현체가 대표적이다. 기업이나 지자체에서 각각 독특한 글꼴을 만들어 쓰고 있지만, 일일이 찾아다니며 다운 받을 필요는 없다. 문화체육관광부에서 저작권 걱정 없이 사용할 수 있는 '안심 글꼴' 파일을 제공하고 있기 때문이다. 문체부 안심 글꼴은 한국저작권위원회와 한국문화정보원이 각 저작권자로부터 무료 이용 여부를 확인하고 사용을 허락받은 글꼴들로, 저작권법 위반에 대한 걱정 없이 누구나 안전하게 쓸 수 있다. 해당 파일에 포함된 글꼴은 120종이 넘는다.

안심 글꼴 파일은 문체부(mcst.go.kr), 한국문화정보원 공공누리(kogl.or.kr), 저작권위원회 공유마당(gongu.copyright.or.kr) 누리집에서 다운받을 수 있다. 포털사이트에서 '안심 글꼴 파일'을 검색해도 간단하게 찾을 수 있다. 그리고 다운 받은 글꼴은 윈도우 검색에서 글꼴 설정을 검색한 후, 글꼴 추가에 다운 받은 파일을 끌어다 넣기만 하면 쉽게 추가되니 참고하기 바란다.

아이콘을 잘 활용하라

말이 잘 통하지 않는 외국에 나가도 화장실은 금방 찾을 수 있다.

화장실 문 앞에 붙어 있는 '아이콘' 때문이다. 열 마디 말보다 한 개의 아이콘이 효과적으로 메시지를 전달하는 경우는 우리 주변에 생각보다 많다. 계획안이나 기획서의 핵심은 요약이다. 상대방에게 전달해야 하는 많은 내용을 얼마나 짜임새 있게 담아내느냐가 관건이다. 그런데 간혹 글만으로는 모두 담아내기 어려울 때가 있다. 이렇게 기획안을 작성할 때에도 아이콘이 마법처럼 해결해준다. 아이콘은 간단한 이미지를 디자인할 때 사용해도 효과가 좋다. 저작권 문제없이 사용할 수 있고 로그인도 필요 없이 간단히 검색만 해서 아이콘을 내려 받을 수 있는 웹사이트를 소개하겠다.

[플래티콘: flaticon.com] 플래티콘에는 일반 다운로드와 프리미엄 다운로드가 있다. 일반 다운로드는 로그인 필요 없이 바로 받을 수 있다. 프리미엄 다운로드는 로그인과 결제가 필요하다. 상당수의 아이콘을 무료로 사용할 수 있다. 무료 자료임에도 높은 품질을 보장한다.

[프리픽: freepik.com] 프리픽의 경우에도 일반 다운로드와 프리미엄 다운로드가 있다. 무료로도 충분히 쓸 만한 아이콘이 많기 때문에 필요한 단어를 검색하고 사용하면 된다.

[아이콘몬스터: iconmonstr.com] 아이콘몬스터는 흑백 아이콘 제공에 특화되어 있다. 300여 개가 넘는 컬렉션에 4천여 개가 넘는 무료 아이콘을 제공하고 있다. 로그인도 필요 없이 간단하게 다운 받을 수 있다.

이 외에도 무료로 운영 중인 아이콘 웹사이트가 많다. 하지만 전부 다 알 필요는 없다. 앞서 소개한 세 사이트만 알아도 원하는 아이콘을 충분히 찾을 수 있다. 로그인도 필요 없고, 품질도 좋고, 무료로 간단하게 사용할 수 있다. 한 가지 팁을 전하자면, 필요할 때마다 찾는 것도 좋지만 틈날 때 검색해 미리 다운 받길 추천한다. 모든 아이콘은 개인적, 상업적 용도로 사용할 수 있지만, 상업적 용도로 이용할 때에는 출처를 밝히는 것이 옳다.

이미지를 구하라

공들여 만든 콘텐츠가 잘못 쓴 이미지 한 장 때문에 쓸 수 없게 된다면 기분이 좋지 않을 것이다. 사진을 쓸 때에는 저작권 문제가 없는 이미지를 잘 찾아서 사용해야 한다. 이때 참고하면 좋은 웹사이트를 소개하겠다.

[언스플래시: unsplash.com] 자연, 인물, 도시 등 다양한 소재

의 사진들을 무료로 쓸 수 있다. 사진 품질 또한 매우 높다. 자료의 전체적인 색감이나 구도가 과하지 않아 다양하게 활용하기 좋은 이미지들이 많다. 가입 절차도 필요 없다. 검색어를 입력하고 나온 이미지를 클릭해 다운 받기만 하면 된다.

[픽사베이: pixabay.com] 언스플래시와 함께 가장 널리 알려진 무료저작권 이미지 사이트다. 사진 품질은 언스플래시보다 낮지만 사진 이외에도 일러스트, 디자인 패턴, 스케치 등 다양한 종류의 이미지를 폭넓게 구할 수 있다.

알아두면 반드시 도움 되는
정부 정책 및 기관

애매한 재능을 개발하고 운영하다 보면 공간 또는 고가의 촬영 장비가 필요할 수도 있다. 혹은 혼자 일하다 보면 사이드 프로젝트에 대해 더 공부하고 싶거나 관련 정보를 공유하고 알아봐야 할 때 막막할 수 있다. 그럴 때 정부 정책과 관련 기관이 도움된다.

크리에이터가 하나의 직업으로 자리 잡으면서 이와 관련한 정부 정책들도 많이 나오고 있다. 하지만 아직까지 1인 미디어 지원에 집중되어 있다. 그래도 1인 미디어가 애매한 재능을 개발해 활용할 수 있는 중요한 선택지 중 하나이기 때문에 정부의 정책 및 방향에 대해 감을 잡고 촉을 세우고 있으면 분명 도움이 될 것이다.

2019년에 과학기술정보통신부는 1인 미디어 산업 활성화 방안을 발표했다. 정부의 보도자료에 따르면 5G 시대에 발맞춰 혁신 성장의 기회로 주목받는 1인 미디어에 대한 체계적인 정부 지원을 통해 창의적 일자리 창출과 미디어 신산업 육성을 골자로 하는 정책이다. 또한 정부는 1인 미디어 창작 전주기 지원 체계를 구축하겠다고 강조했다. 공모전 및 전문 교육 멘토링을 통해 창작자를 발굴하고 장비 지원과 컨설팅을 통해 제작 지원을 하며, 수익화를 위한 유통 지원과 해외 판로까지 지원하겠다는 내용이다.

한편 이러한 흐름에 발맞춰 1인 미디어 창작자들에게 촬영 및 편집 공간, 공용 사무 공간으로 활용할 수 있는 1인 미디어 창작 센터와 미디어 팩토리를 구축했다. 또한 전파방송통신교육원에 '1인 미디어 전문 인력 양성' 교육 과정을 개편·신설하고 전국 스마트미디어센터 및 시청자미디어재단 등과 연계해 지역별 1인 미디어 창작자 양성 교육도 실시해오고 있다.

2020년에는 '1인 미디어 창작그룹 육성 사업 공모'를 진행하기도 했다. 참가 자격에는 아무런 제한이 없었다. 최종적으로 한국전파진흥협회를 통해 신청을 받아 전국 3개 권역 153개 팀을 선발했다. 선발된 팀을 대상으로 미디어 전문 교육, 멘토링, 네트워크, 콘텐츠 제작 등을 지원하며 우수팀에게는 별도의 시상까지 진행했다. 올해는 이러한 1인 미디어에 대한 지원을 더욱 강화하겠다고 발표했다.

정부가 추진하는 정책들의 방향을 살펴볼 때 구체적인 사항까지 모두 들여다볼 필요는 없다. 어디서 어떻게 정책이 마련되고 있고, 실제로 자신이 공모하고 신청할 수 있는 분야가 무엇인지를 확인하면 된다.

앞서 내용을 살펴보면 과학기술정보통신부라는 중앙부처가 내세운 정책 방향을 한국전파진흥협회(rapa.or.kr)와 한국방송통신전파진흥원(kca.kr)이 이행하고 있다. 또한 스마트미디어센터, 시청자미디어재단, 빛마루방송지원센터(bitmaru.kr)라는 기관을 통해 세부적인 계획들이 실현되고 있다. 스마트미디어센터는 서울뿐만 아니라 경기, 대구, 광주, 경북, 전북에서 센터를 운영하고 있다. 시청자미디어재단도 전국 각지에 총 10개의 센터를 운영하고 있다. 해당 시설을 이용하려는 희망자는 거주지 인근의 센터를 선택해 시설 및 장비 대여, 교육을 지원받을 수 있다.

1인 미디어 창작 센터인 빛마루방송지원센터는 일산에 위치해 있으며 소형 스튜디오와 편집실 등 일부를 개방해 콘텐츠를 촬영하고 편집할 수 있는 공간을 제공하고 있다. 홈페이지의 신청 양식을 작성해 이메일로 신청하면 누구나 1인 미디어 팩토리를 무료로 이용할 수 있다.

과학기술정보통신부와는 별개로 문화체육관광부에서도 1인 창작, 문화 콘텐츠 창작 활성화를 위한 정책을 마련하고 기관을 운영 중이다. 콘텐츠코리아랩(ckl.kr)이 대표적이다. 이곳은 문화체육관광부와 한국콘텐츠진흥원(kocca.kr)이 설립한 공간이다. 콘텐츠코리아랩을 설립하고 운영하는 한국콘텐츠진흥원의 설립 취지 자체가 콘텐츠 벤처 인큐베이팅이다. 육성 대상은 사업자 및 단체뿐만 아니라 개인도 포함된다. 콘텐츠코리아랩센터를 통해 1인 창작에 필요한 공간, 법률, 교육, 장비 등도 지원한다. 센터는 경기, 인천, 부산, 경북, 충남, 전북, 대구, 광주 지역에서 운영 중이며 계속해서 확대해나갈 예정이다.

정부 정책에만 매달릴 필요는 없지만, 자신이 활용할 수 있는 정책 지원 사항들이 있는지 꾸준히 살펴볼 필요는 있다. 이 밖에도 각 지자체 및 중소 기관에서 1인 미디어 관련 공모전과 지원 사업들이 진행되고 있으니 정기적으로 검색해보고 뉴스를 찾아보면 큰 도움이 될 것이다.

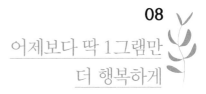

10만 원으로도 가능한
내 사업

자신의 애매한 재능이 앞서 소개한 플랫폼을 활용해도 실현할
수 없는 것이라면 어떻게 해야 할까? 서점을 운영하고 싶다거나 자
신만의 카페를 운영해보고 싶다거나 농사를 짓고 싶다거나 하면 말
이다. 또 만약 애매한 재능을 활용해 직무 능력을 개발하고 연봉 협
상에서 유리한 고지를 점할 수 있다면 얼마나 좋을까? 관점을 넓혀
애매한 재능을 다시 바라보고 콘셉트를 정했듯 애매한 재능을 운영

하는 방식에서도 조금만 생각을 바꾼다면 길은 보인다.

　달걀과 닭을 난생처음 본 사람이 있다고 가정해보자. 그에게 달걀을 보여주면서 닭이 된다고 말하면 믿지 못할 것이다. "저렇게 딱딱하고 자그마한 것이 생명체가 된다고? 깨보면 물컹한 액체만 들어 있는 공 같은 덩어리가 어떻게 부리도 있고, 털과 눈도 있고, 소리를 내면서 날아오르기도 하는 저런 동물이 된다는 거야?"라고 의심하며 반문할 것이다. 그런데 우리는 이미 달걀이 닭이 된다는 사실을 알고 있다. 그리고 너무나 당연하게 여긴다.

　달걀이 나중에 닭이 된다는 것을 알고 있는 사람이라면 달걀이 주어졌을 때 자연스레 해야 할 일을 알 수 있다. 부화를 시키기 위해 온도를 맞추고, 주변에 닭이 있다면 달걀을 품도록 유도할 것이다. 하지만 달걀이 닭이 된다는 사실을 믿지 않는 사람은 달걀을 깨어 요리를 해 먹던지, 그도 아니면 그대로 방치해둘 것이다. 이러한 관점의 차이는 시간이 지날수록 엄청나게 큰 변화를 만든다. 달걀에서 부화한 병아리가 커서 닭이 되고 그 닭이 또 달걀을 낳고 또다른 닭을 만들 것이다. 하지만 달걀을 그냥 깨어 먹거나 방치한다면 그저 한 끼 반찬으로 소모해버려 하루만 지나도 흔적이 사라질 것이다. 이러한 관점의 차이, 즉 보이는 것만 믿고 자신이 아는 것만 믿는 것이 얼마나 큰 변화를 저해하는지 알아야 한다.

　책이 많이 팔리게 하려면 어떻게 해야 할까? 잔디 깎기 기계를 많이 사게 하려면 어떻게 해야 할까? 대부분 재미있고 유익한 책을 더 많이 만들고, 더 튼튼하고 저렴한 잔디 깎기 기계를 만들어야 한다고 말할 것이다. 인간의 심리를 PR에 접목시킨 PR의 대가 에드워드 버네이스Edward Bernays는 이렇게 말했다.

"잔디 깎는 기계를 팔려면 차라리 잔디 있는 집을 사라는 캠페인을 하겠다. 책을 팔기 전에 책장이 있는 거실에 대한 환상을 심겠다."

절로 고개가 끄덕여지는 말이다. 잘 생각해보면 특별한 일도 아닌 것 같다. 하지만 그토록 단순해 보이는 방법을 다른 사람들은 생각해내지 못했다. 그의 독특한 관점과 실행력은 새로운 식습관도 만들어냈다. 그는 실제로 1930년대 미국의 아침식사 메뉴를 간단한 토스트에 베이컨과 달걀을 더하는 것으로 바꿔놓았다. 또 미국 중산층 거실의 인테리어를 붙박이 책장으로 바꾸기도 했다. 그의 기발한 관점과 실행력 덕분에 베이컨과 달걀 회사, 출판사는 홍보 효과를 톡톡히 봤다.

누구나 떠올릴 수 있을 것 같은 생각이지만, 말처럼 쉬운 일이 아니다. 그리고 먼저 떠올리고 접목시켜 움직이는 사람에게 훨씬 더 많은 기회가 주어진다. 이번 장의 핵심은 아주 단순하고 쉬워 보이지만, 쉽게 떠올릴 수 없었던 관점과 실행력을 애매한 재능과 연결하는 것이다. 자신이 구성한 애매한 재능을 플랫폼의 도움 없이 실행해보고, 제한 없이 진행해 결과를 도출하는 방법을 설명하려 한다. 무엇보다 거창해 보이고 불가능할 것 같았던 계획을 아주 작은 비용과 노력으로 실현할 것이다.

30만 원으로 카페를 운영하는 게 가능할까? 30만 원이 아니라 불과 10만 원으로도 가능하다. 자신만의 애매한 재능이 예리하게 서 있다면 수천만 원을 들인 점포보다도 성공적으로 카페를 운영할 수 있다. 그런 일이 어떻게 가능한 걸까? 본격적인 이야기에 앞서 먼저 한 사람을 소개하고자 한다.

그자비에 드 메스트르Xavier de Maistre는 1763년생인 프랑스 작가다. 프랑스 혁명에 반대해 러시아로 망명했으며 이후 러시아군의 장군이 됐다. 1790년에는 군 장교와 불법 결투를 벌인 죄로 42일 간 가택연금이 되기도 했다. 그런데 그는 아주 독특한 책을 집필한 것으로 알려져 있다. 가택연금 시기에 여행을 떠났고, 여행에 관한 책을 썼다고 한다. 가택연금 시기에 어떻게 여행을 했다는 것일까?

집을 떠날 수 없었으니 자신이 머물고 있던 방을 여행한 것이다. 1794년에 출간한 책의 제목도 바로 《내 방 여행하는 법》이다. 여행은 익숙한 곳을 떠나 낯선 곳으로 향하는 것이다. 낯선 곳을 마주한다는 생각 때문에 낯선 환경으로 떠나야 한다고 생각하기 일쑤다. 하지만 무언가를 낯설게 받아들인다는 것은 환경의 변화가 아니라 관점과 사고의 변화다. 잘 다니던 회사를 내일 당장 그만두게 된다면 특별할 것 없어 보였던 사무실 안 내 자리가 괜스레 낯설고 새롭게 느껴진다. 짝사랑하던 사람의 마음을 얻은 후 집으로 돌아올 때면 여느 때와 다를 바 없는 거리도 새롭게 느껴진다. 이처럼 몸이 멀리 가지 않고도 남다른 시선으로 일상을 향유할 수 있다면 그것 또한 여행이 될 수 있다. 이것을 아주 극단(?)적으로 실행한 것이 바로 그자비에 드 메스트르다. 과연 그는 어떻게 방을 여행했던 것일까?

"벽에 바짝 붙어서 걸으면 둘레가 서른여섯 걸음 나오는 방이다. 하지만 내 방 여행은 이보다 더 긴 여정이 되리라. 왜냐하면 나는 어떤 정해진 규칙과 방법을 따르지 않고 종횡으로 누비기도 하고 비스듬히 가로지르기도 할 것이기에."

한국에 번역 출간된 내용 중 일부다. 방 안의 구조를 살피고, 방 곳곳에 놓인 물건들을 따라가며 이야기하고 상상한다. 책상 다리에 감탄하고, 침대를 바라보며 삶과 죽음을 생각한다. 소파는 마차가 되고 초상화 속 인물은 친구가 된다. 여행 수필처럼 글 안에서 그만의 유쾌함과 엉뚱함이 물씬 묻어나온다. 그렇게 총 42개의 목차를 따라 여행기가 만들어진다.

바로 지금 우리에게 이러한 관점이 필요하다. 카페를 창업한다고 계획하면서 수십 평의 카페만 생각한다. 농사를 짓는다고 생각하면서 수백 평의 대지부터 떠올린다. 그런 틀에서 벗어나 생각하길 어

Part 4
애매한 재능 증폭의 기술

려워한다. 그러고는 이내 불가능하다고 단정 짓는다. 틀에 박힌 생각에서 벗어나는 순간, 단돈 30만 원으로도 자신이 생각한 콘셉트와 방법으로 근사한 카페를 운영하고, 3만 원으로도 서점을 운영해 원하는 성과를 달성할 수 있다. 왜냐고? 당신은 당신만의 독특한 애매한 재능과 콘텐츠가 있기 때문이다. 조금 더 구체적으로 사례를 통해 살펴보도록 하겠다.

부산에서 디자인 회사를 다니는 대학 동기에게 '애매한 재능 활용법'을 알려줬다. 며칠 지나지 않아 연락이 왔다.

"상훈아, 네가 알려준 대로 해봤어. 내가 미처 모르고 있던 재능이 많더라. 신나게 정리하고 최초화를 해봤지. 그랬더니 카페를 운영해야 나의 그 애매한 재능을 실현시킬 수 있다는 결론이 나오더라고. 시작하기만 하면 꾸준히 잘할 자신도 있고 콘셉트도 좋은데, 문제는 지금 당장 내가 카페를 어떻게 시작하냐는 거였어. 돈이 없으니, 회사는 다녀야 하고, 빚을 내서 하자니 무섭기도 하고….."

대학 동기는 '카페 + 명상'이라는 키워드로 최초화된 콘셉트를 만들었다. 그 친구가 세운 콘셉트를 실현하기 위해서는 온라인이나 오프라인의 일반적인 플랫폼과 방법에서 벗어나서 직접 카페를 운영해야 하는 상황이었다. 이럴 때 어떻게 해야 할까? 방법은 쉽다. 예를 들어 자신이 타고 싶은 자동차가 있다고 할 때 반드시 현금을 모두 지불하고 구입해 운행할 필요는 없다. 일정 기간을 정해 빌려서 타는 방법도 있다. 게다가 자동차를 빌려서 타면 장점도 있다. 마찬가지로 근사한 카페를 운영하고 싶다면 직접 임대 계약을 하고 완벽하게 인테리어를 마쳐서 운영하는 것만이 방법이 아니다. 카페를 빌려서 운영하는 것도 방법이다. 이렇게 말하면 대체로 이렇게 생각할 것이다.

"아니, 누가 멀쩡한 카페를 빌려줘?"

정말이다. 빌려준다. 과연 누가, 왜 빌려준다는 걸까? 혹시 대한민국의 카페가 몇 개나 되는지 알고 있는가? KB금융지주 경영연구소가 내놓은 〈커피 전문점 현황 및 시장 여건 분석〉 보고서를 보면 2019년 7월 기준으로 전국에 카페가 총 7만 1천 개에 달한다고 한다. 정말 엄청난 숫자다. 대형 커피 프랜차이즈를 제외하더라도 자영업으로 카페를 운영하는 곳이 엄청나게 많다. 이렇게 많다는 것은 새로 생기고, 또 없어지는 곳도 많다는 뜻이다. 같은 자료에서 2018년 기준으로 한 해에 신규로 창업한 커피 전문점은 1만 4천 개였고 폐점한 가게만 9천 개였다. 그렇다면 폐점하기로 마음먹은 사람, 계약 기간이 남아 있지만 운영에 어려움을 겪고 있는 사람들은 장사가 잘되지 않는 가게를 열어두기보다 가게 자리를 원하는 사람에게 일정 금액을 받고 빌려주는 것이 오히려 더 이득이다.

당장 전대차 계약을 맺으라는 말이 아니다. 다만 자신이 구상한 카페를 적은 돈으로 3일이나 일주일이라도 운영해볼 수 있는 방법이 있다는 것이다. 그리고 이러한 방법을 통해 다양한 상권의 가지각색의 카페에서 자신이 생각한 애매한 재능(카페+명상)을 실현해보며 훨씬 더 많은 걸 느끼고 배울 수 있다. 커피를 팔아 돈을 벌겠다는 생각도 이룰 수 있다. 이것도 조금만 방향을 비틀면 가능하다. 커피 마진으로 이익을 남기는 것이 아니라 카페를 운영하는 전반의 과정을 촬영하거나 기록해서 콘텐츠로 개발할 수도 있다. '1년 동안 카페 열 곳을 운영해본 디자이너가 말하는 카페 운영'을 다루는 콘텐츠도 가능하다. 저 제목을 보면 자연스레 "아니, 디자이너가 1년 동안 카페 열 곳을 운영했다고?"라는 호기심을 자극하기 충분하다.

대학 동기에게도 이러한 방법을 알려줬다. 온라인 커뮤니티나 부동산을 통해 카페를 단기간 빌려줄 곳만 찾으면 문제 해결을 위한 초석을 놓는 것이었다. 그 정도의 수고와 노력만 있으면 수천만 원을 투자해야 하는 비용 부담과 위험 부담이 줄어들 수 있다. 그 덕분에 경험의 깊이나 범위도 훨씬 넓어진다. 이러한 조언에 응답한 대학 동기는 지인의 소개를 통해 자신이 살고 있는 동네의 8평짜리 조그마한 카페를 일주일간 30만 원에 빌려 저녁마다 운영했다. 30만 원에는 원두, 종이컵과 빨대 등 모든 부자재 비용도 포함되어 있었다. 그리고 일주일간의 수익은 본인이 챙겼다. 이러한 경험을 토대로 자신의 애매한 재능과 콘셉트를 수정·보완하며 또 다른 카페를 찾아보고 있다.

또 다른 한 친구는 걸어서 국토 종주를 하고 싶어 했다. 체대 출신인 데다 특전사를 제대해 체력 하나는 타고났다. 스스로도 걷는 것만큼은 누구보다 자신 있어 했다. 그가 국토 종주에 대해 구상한 최초화 콘셉트는 '국토종주＋동물'이었다. 자신의 유튜브 시청 기록을 살펴보고는 강아지와 고양이뿐만 아니라 새, 물고기, 가축, 곤충, 파충류 등 다양한 동물과 자연 생명체들에 대해 관심이 많고 좋아하다는 걸 알게 됐던 것이다. 평소 동식물을 자주 접한 덕분에 남들보다 정보와 지식도 꽤 높은 수준을 갖추고 있다고 했다.

조금 더 구체적으로는 서울에서 부산까지 총 500킬로미터 가까이 되는 거리를 국토종주를 하면서 다양한 동식물들의 사진으로 찍고 기록해 독립출판물로 내고 싶다고 했다. 국토종주라는 평범한 욕구 또는 '걷기'라는 애매하고 단순해 보이는 재능에 '동물'이란 키워드를 결합해 독특한 콘셉트를 만든 것이다. 하지만 문제가 있었다. 서울에서 부산까지 500킬로미터 가까이 되는 거리를 걸으려면 하루 30킬로미터씩 잡아도 최소한 보름 이상의 시간이 필요하다. 회사 생활을 하고 있던 친구로서는 일주일 이상의 휴가 또는 시간을 내는 것이 사실상 불가능했다. 이런 난관에 봉착한 상태에서 내게 문의를 해온 것이다.

하지만 예상 외로 아주 간단하게 해결했다. 국토종주를 하면서 동식물을 기록하는 것이 주 목적이라면 반드시 한 번에 이뤄질 필

Part 4
애매한 재능 증폭의 기술

요는 없지 않을까? 500킬로미터의 거리를 50킬로미터로 나눠서 걷는다고 하면 총 10회로 나눌 수 있다. 그럼 10곳의 분기점을 정하고 각기 다른 날 다녀오면 되지 않을까? 그렇다면 오히려 계절의 변화에 따라 더 다양한 동식물을 볼 수도 있을 것이다. 또한 국토종주의 결과물로 나오게 될 독립출판물의 내용도 더욱 알찰 것이다.

또 다른 예를 살펴보자. 회사 동기 중 한 명은 러시아에 관심이 많았다. 대학에서도 노어노문학을 전공했다. 러시아 여행도 자주 다니고, 러시아 작가들도 굉장히 좋아했다. 지금은 직장 생활을 하며 러시아와는 전혀 관련 없는 일을 하고 있지만 러시아에 대한 관심과 애정은 계속 유지하고 있는 것 같았다. 언젠가 그 동기에게 추천할 만한 러시아 소설을 물어봤다. 그러자 유명 러시아 작가와 그들의 책, 책을 쓸 당시의 역사적 배경과 특징들까지 정말 재미있게 설명해줬다. 설명을 듣는 내내 감탄을 한 나는 그에게 "북 큐레이션을 하면 정말 잘하겠다."고 알려줬다. 그러자 그는 "독립 서점을 한 번 운영해보고 싶어. 그 공간을 찾은 사람들한테 내가 재미있게 읽은 좋은 러시아 문학들을 추천해주면 좋을 것 같아. 그런데 독립 서점 자체도 잘 안 되는데 러시아 문학만 다루면 찾는 사람이 더 없지 않을까? 게다가 퇴사하고 서점 운영할 여건도 못 되고."라며 말을 흐렸다.

그 말에 그의 최초화 콘셉트가 떠올랐다. '북큐레이션 + 러시아 문학'. 서점을 운영하겠다고 생각하면 사람들이 방문하고 마주할 수 있는 공간이 필요했다. 그런데 이제 공간이라는 개념은 오프라인에만 한정되지 않는다. 온라인도 엄연히 하나의 공간이다. 깔끔한 홈페이지를 만들고 스마트스토어에 등록하고서 읽기 쉬운 러시아 문학 작품을 한 달에 한 권씩 선정해 알려주는 구독 서비스를 운영한다면 그 동기가 말한 모든 요건들을 충분히 충족시킬 수 있다. 이런 일이야말로 비용 부담 없이 즐기면서 꾸준히 애매한 재능을 활용할 수 있는 일이다.

이처럼 적은 비용으로 카페를 창업하고 북큐레이션 구독 서비스를 운영할 수 있다. 또 직장인의 신분을 유지하면서 휴가나 연차에 제한을 받지 않고 500킬로미터가 넘는 국토종주를 마음껏 할 수도 있다. 이 외에도 평소 불가능하다고 생각했던 것들을 실행할 때 쪼개고 빌리고 전환시켜 대체하면 어떤 식으로든 방법은 나오게 되어 있다. 무엇보다 자신의 애매한 재능이 날카롭게 서 있어야 한다. 그런 전제도 없이 지금까지 소개한 방법들을 그저 따라 하는 식으로만 실행한다면 결과는 불 보듯 뻔할 것이다. 자신의 애매한 재능이 앞서 소개한 과정을 통해 잘 갖춰져 있다면 '산타클로스는 어디에나 있다'는 말을 명심하자. 방법이 없는 게 아니다. 단지 내가 못 찾고 있을 뿐이다.

의외의 수확,
애매한 재능으로 직무능력 UP

"꼭 원하는 부서 갔으면 좋겠다. 너무 떨려"

"아, 나도 제발…"

자신이 원하던 회사에 합격한 기쁨은 참으로 크다. 나 또한 그랬다. 하지만 합격의 설렘과 떨림은 부서 배치를 앞두고 걱정과 두려움으로 변한다. 회사 생활을 하면서 가장 초조하고 떨렸던 순간을 꼽으라면 첫 부서 배치 때였다. 입사 후 한 달 동안 진행되는 그룹사와 계열사의 신입사원 연수, 1년 동안 진행되는 지점과 지사의 OJT on-the-job training 기간 이후 본 발령을 받았다. 내가 입사할 당시만 해도 회사에서는 공통 직무로 신입사원을 뽑았다. 그리고 합격하면 신입사원 교육과 현장 실습인 OJT를 마친 후 배치 면담을 통해 부서가 정해졌다. 이때 발령은 기획, SCM, 상품MD, 경영지원, 영업관리, 마케팅, 법무, 회계, 디자인 등 회사의 모든 팀을 대상으로 진행된다. 인기 부서에는 인원이 몰리고 고생스럽다고 소문이 난 부서는 지원자가 없다. 그리고 지원자의 적성과 역량은 물론, 희망하는 부서의 인원 현황에 따라 또 달라지기 때문에 신입사원이 원하는 부서로 갈 확률은 매우 낮다. 그래서 다들 노심초사한다.

나는 첫 부서로 커뮤니케이션 팀을 희망했다. 홍보 업무에 대해 설명을 들으며 의미 있는 일을 한다고 느꼈기 때문이다. 또 사람 만나길 좋아하고 활동적인 성격상 사무실에서 내근만 하기보다 외부 활동이 많다는 점 등을 고려했을 때 커뮤니케이션 팀이 가장 끌렸다. 결론부터 말하자면 내가 희망하던 커뮤니케이션 팀에 첫 발령을 받고 원하는 직무에서 햇수로 3년간 근무했다. 그리고 이러한 결과를 얻기까지 '애매한 재능 활용법'이 큰 도움이 됐다. 앞서 말했듯, 내가 가진 성향은 외향적이다. 하지만 일반적으로 이러한 자질이 있다고 해서 지점과 지사의 영업 현장에서 홍보와 관련된 퍼포먼스를 내기는 힘들다. 맡은 일과 직무 자체가 아예 다르고 말 그대로 신입사원이기 때문이다.

하지만 애매한 재능을 활용할 줄 안다면 이야기는 달라진다. 애매한 재능의 핵심은 '사이드 프로젝트'다. 즉, 본업과 원래의 일은 유지하면서 자신의 애매함을 외적인 활동으로 활용해 자신이 원하는 바람을 달성하는 것이다. 그래서 회사 밖(맡은 직무 밖)에서 애매한 재능을 발휘해 커뮤니케이션(홍보)과 관련된 퍼포먼스를 내야겠다고 생각했다. 결국 내가 홍보를 잘하는 사람, 커뮤니케이션 업무를 잘 수행할 수 있는 사람이란 것을 증명하고 알려야 했다. 그런 이유에서 그룹 사내 리포터 업무에 지원을 했다. 실제로 리포터 면접도 보고 촬영도 여러 차례 하면서 사내 방송에 자주 나왔다.

또한 회사의 다양한 직책과 직무에 속한 사람들과도 스스럼없이 어울리고 소통해야 하는 계열사 야구단에도 가입해 활발히 활동하면서 그러한 능력을 증명하려 했다. 1년 차 때 진행한 설치 미술 개인전을 외부적으로 홍보할 뿐만 아니라 사보 담당 부서에 홍보 제안서를 보내 사보에도 게재하고 그룹사 방송에서도 전시를 소개했다. 물론 그러한 과정 자체가 나 스스로 좋아하고 즐기는 일이었기에 더욱 신나게 해낼 수 있었다. 동시에 '회사'에 '나'라는 사람을 커뮤니케이션해 알린 것이다.

그리고 이러한 활동들을 정리해 배치 면담 때 참고 자료로 제출했다. 물론 그러한 활동만으로 커뮤니케이션 팀에 들어갈 수 있었던 것은 아닐 것이다. 여러 조건과 상황을 고려했을 때 직무에 적합하기에 발탁됐을 것이다. 사실 배경만 고려한다면 커뮤니케이션 팀보다 온라인MD 직무가 더 적합했다. 온라인 쇼핑몰에 관한 BM 특허 출원 경험, 디지털 올림피아드 수상, SK브로드밴드 요금기획팀에서의 인턴 근무 등의 경력은 홍보와는 큰 관계가 없어 커뮤니케이션 팀에 가기란 쉽지 않아 보였다. 그런 상황에서 애매한 재능을 활용한 사이드 프로젝트를 통해 홍보와 관련된 퍼포먼스를 만들지 않았다면 결코 커뮤니케이션 팀에 들어가지 못했을 거라고 감히 추측해본다.

혹자는 사이드 프로젝트가 개인적인 성과를 내는 데 특화된 방법론이라고 생각할 수도 있을 것이다. 하지만 그렇지 않다. 자신이 지닌 애매함을 활용해 자신이 원하는 직무 또는 지금 하는 일에 대한 성과와 전문성을 더욱 높일 수 있다. 회사가 제시하는 과정에만 열중하는 게 아니라 애매한 재능을 활용해 스스로 과제를 제시하고 달성하며 조직에 어필하는 방법으로 활용할 수 있는 것이다.

예를 한번 들어보자. A라는 사람이 상품 MD 직무를 맡고 있다. 사실 그는 사회 공헌 직무에 관심이 많았다. 하지만 그 사실을 회사에 알리고 그 분야의 업무를 더 잘할 수 있다고 말해도 당장 직무를 바꿔줄 리는 없다. 그가 상품 MD보다 사회 공헌 직무를 더 잘할 수 있다는 객관적 근거가 전혀 없기 때문이다. 만약 그 직무를 간절히 하고 싶다면 근거를 마련해야 한다. 예를 들어 A가 직장인을 위한 사회 공헌 모임을 만들어 1년 동안 운영한다면, 그리고 모임을 통해 봉사 활동도 계획하고 기부 행사도 진행하면서 다양한 활동을 했다면 그 과정들이 사회 공헌 직무에 관한 A만의 근거가 된다.

하지만 내 말을 오해하지 않았으면 좋겠다. 단순히 어찌어찌하면 직무를 바꿀 수 있다는 것이 핵심이 아니다. 막연히 덮어두고 불가능하다고 생각했던 것들에 대한 금기를 깨고 자신이 원하는 방향으로 이끌어가는 노력을 해볼 수 있다는 의미다. 회사 입장에서 생각해보자. 사회 공헌 담당도 아닌 사람이 개인 시간까지 쪼개어 사회 공헌 모임을 만들고 꾸준히 운영하며 성과를 만든다면 당연히 관심을 가지지 않을까? 당장 직무를 바꿀 순 없어도 우선 고려 대상으로 판단할 것이고, 또 기회를 주려 할 것이다. 그리고 결과로 증명하는 순간 회사는 고민할 수밖에 없다.

또한 우리는 어떤 상황과 조건에서도 자신이 원하는 결과에 대해 증명해낼 요령과 방법을 알고 있다. 여기서 더 발전한다면 연봉도 충분히 올릴 수 있다. 직장인들의 연봉 협상은 대부분 형식적으로 진행되는 경우가 많다. 협상이라기보다 진급에 따라 연봉이 올라가고 조정되는 식이다. 간혹 성과급도 있지만 드라마틱하게 인상되는 경우는 흔치 않다.

그럼 어떻게 연봉을 올릴 수 있을까? 자신이 연봉을 더 달라고 할 수 있는 이유를 만들어야 한다. 하지만 많은 사람이 "지금 내 업무는 당장 성과를 내기 힘든 직무예요."라고 말한다. 물론 괄목할 만한 성과를 보여주기 힘든 직무들이 있다. 영업과 상품 MD처럼 수치로 증명되지 않는 지원이나 인사 분야가 특히 그러하다. 하지만 그런 업무들도 충분히 가능하다.

자신의 직무가 인재 개발 분야라고 생각해보자. 그렇다면 연봉을 올리기 위해서 회사 내에서 퍼포먼스를 올릴 수 있는 범위가 한정적이다. 그런데 애매한 재능 활용법을 이용해 활동 범위를 넓힌다면 이야기가 달라진다.

예를 들어 경쟁사 인재 개발 담당자를 30명 정도 만나 인터뷰를 하고 그 내용을 묶어 사내에 공유한다면 어떨까? 그런 과정과 인터뷰를 통해 정리한 내용을 자신만의 콘셉트로 잡아 공유하는 것이다. 30명이 많다면 10명으로 줄여보자. 또는 10대 그룹 인사 담당자로 타깃을 좁혀보자. 충분히 흥미로운 콘텐츠가 될 수 있다.

아예 동종 업계 인재 개발 담당자로 방향을 잡는 것도 좋을 것이다. 물론 이러한 과정을 통해 얻은 결과물이 자신의 KPI(핵심성과지표)에 들어갈 일은 없다. 그럼에도 불구하고 자발적으로 프로젝트를 진행해 사내에 공유한다면 연봉 협상 때 분명한 가점 요소가 될 것이다. 또 이러한 활동이 한두 개씩 쌓이면 회사일로서도 따라잡을 수 없는 성과를 만들어내고 주도적으로 일을 할 줄 아는 사람이 될 것이다. 당신이 들고 있는 애매한 재능 활용법은 생각보다 단단하고 강하다. 그리고 날카롭다. 그러니 회사 바깥뿐만 아니라 회사 내에서도 당신을 빛내줄 도구로서 활용해보자.

최단기간 수익에 도전한다

애매한 재능으로 짧은 시간 안에 돈을 벌려면 어떻게 해야 할까? 가장 먼저 자신의 재능을 단품으로 만들어야 한다. 단품으로 만든다는 의미를 언뜻 이해하지 못할 수도 있다. 요즘은 재능을 쉽게 거래할 수 있는 환경이 갖춰져 있다. 지금껏 프리랜서 영역으로 통용 되던 번역, 디자인, 편집, 개발 등의 분야 이외에도 정말 다양한 재 능이 판매된다. 인스타그램에 올릴 사진을 잘 찍는 법, 마른 남자 살찌우는 법, 모쏠(모태솔로)도 이성 친구 생기는 패션 코칭, 직장 생활 예절, 천 원에 가능한 통화 상담, 2천 원에 그려주는 캐리커처, 500원이면 완성되는 인물사진 보정 등 책이나 굵직한 콘텐츠로 구 성하기엔 조금 부족한 개인의 자잘한 재능들이 아주 작은 단위로 상품화되고 실제로 판매되고 있는 것이다. 단품으로 만든다는 것은 이렇게 재능을 작은 단위로 분리해 개별 상품으로 만든다는 의미 다. 하나의 파일, 하나의 영상, 한 번의 컨설팅, 한 번의 강의, 한 번 의 노동 등 공장에서 대량으로 생산된 과자를 낱개로 다시 포장해 마트에 진열하는 것처럼 작은 단위로 살 수 있게 구성하는 것이다.

한 친구는 프랑스에서 살면서 1년 동안 여행 가이드를 했던 경험 이 있다. 그는 자신의 경험을 활용해 프랑스 문화, 역사, 맛집에 대 해 이야기하고 공유하는 모임을 준비 중이다. 그가 재능 공유 플랫 폼에서 자신의 재능을 팔려면 어떻게 해야 할까? 아주 간단하다. 자신이 알고 있는 프랑스 관광지, 식당, 문화, 예절, 시설, 위치 등에 대한 지식을 다시 개별적으로 상품화하면 된다. 예를 들어 '프랑스 의 어느 식당에서도 실수 없이 음식 주문하는 법'을 한 장짜리 문 서로 만들어 천 원에 팔 수도 있다. 또는 '하루 종일 돈 들이지 않고 즐기는 파리 여행 코스'를 세 장짜리 PPT파일로 만들어 3천 원에 판매할 수도 있다.

또 다른 한 친구는 3개월 만에 살을 12킬로그램을 빼고 요요현상 없이 1년째 유지 중이다. 그 친구의 다이어트 비결은 매우 간단했다. 그리고 자신이 살을 뺄 때 활용한 스포츠(?)를 매우 찬양했다. 그 스포츠는 운동 기구를 따로 살 필요가 없었다. 마음먹고 시간을 할애할 필요도 없었다. 때와 장소에 따른 제약도 적었다. 그 스포츠는 바로 '계단 오르기'다. 그 친구의 말에 따르면 우리 몸에서 노폐물을 가장 많이 배출하고 열량 소비가 큰 근육은 허벅지, 하체라고 한다. 또 하체 운동을 수시로 부담 없이 할 수 있는 방법이 바로 계단 오르기라고 한다. 그 친구는 지루한 계단 오르기를 재밌게 할 수 있는 12가지 방법을 파일로 정리해 판매할 계획을 가지고 있다.

군대 동기로 만나 아직도 연락하고 지내는 지인의 경우 취미 생활로 마술을 배운다. 엄청나게 좋아하거나 대회에 나갈 정도는 아니지만 동전이나 끈처럼 일상생활에서 자주 사용하는 물건들을 활용한 재미난 마술을 많이 알고 있었다. 그리고 소개팅을 하거나 어색한 만남이 있을 때마다 자기가 배운 마술을 활용해 분위기를 훨씬 부드럽게 만든 경험을 갖고 있었다. 마침 '소개팅 할 때 써먹으면 분위기가 확 사는 동전 마술 다섯 가지'를 동영상으로 만들어 판매하려 하고 있었다. 이처럼 자신의 애매한 재능을 단품으로 만들어 누구나 살 수 있도록 상품화해야 한다.

참고로 재능 공유 플랫폼 또는 다양한 서비스를 통해 재능과 콘텐츠를 팔겠다고 마음먹었다면 꼭 알아야 할 내용이 있다. 외식업 전문가들이 음식점 창업을 하는 사람들에게 반드시 전하는 조언이 있다. 지인들을 상대로 짧은 기간일지라도 가오픈을 해보라는 것이다. 손님들은 냉정하고 가혹하다. 음식과 서비스가 부족하면 뒤도 안 돌아보고 가버린다. 누구라도 그럴 것이다. 자신이 주문한 음식이 너무 늦게 나오거나 다른 음식이 나올 경우, 또는 계속 허둥대는 사장과 종업원을 볼 때, "뭐, 그럴 수 있지."라고 말하면서 넘길 순 있어도 다시 그 음식점에 갈 생각은 하지 않는다. 손님은 감독관이고 식당은 감독관 앞에서 시험을 치르는 학생인 셈이다. 따라서 본 시험을 치르기 전에 예비 시험을 치르는 것은 큰 도움이 된다. 가오픈을 통해 자신이 실수를 하더라도 지인들의 피드백을 받아 개선할 수 있는 기회를 만드는 것은 그만큼 중요하다.

가오픈 때에는 진짜로 영업을 하는 것이 아니기 때문에 손님들도 직원들의 실수에 대해 용서하고 또 고쳤으면 하는 것들에 대한 피드백도 곧바로 나올 수 있다. 음식의 맛, 음식이 나오는 시간, 분위기, 서빙 동선 등을 비롯해 가게 전반에 걸쳐 좋았던 점이나 아쉬웠던 점도 부담 없이 말해줄 수 있다. 일부 사장님들은 가오픈을 통해 얻은 피드백 내용을 반영하기 위해 정식 오픈을 미루기도 한다.

그만큼 주변 지인들에게 평가받고 고쳐나가는 과정은 큰 힘이 된다. 당신의 애매한 재능도 하루이틀 또는 한두 번이라도 좋으니 지인들에게 먼저 판매하거나 영업해보길 바란다. 분명 큰 도움이 될 것이다.

어제보다 오늘
1그램 더 행복해지기

"야, 차 안 사냐?"

"지하철 타고 다니면 되지, 필요 없어. 어디 가면 주차를 걱정해야 하고 때마다 신경 써야 하고. 어우, 난 싫어."

입사하고 나자 주변에서는 내게 차가 필요하지 않겠냐고 물었다. 내 반응은 미온적이었다. 자동차에 관심도 없고 필요성도 못 느꼈다. 그렇게 입사하고 몇 년간 자동차 없이 지냈다. 그러다 외근이 많은 지사로 발령을 받으면서 저렴한 가격의 자동차를 구매했다. 차를 타고 다니다 보니 대중교통을 이용할 때 몰랐던 점들이 눈에 들어왔다. 차를 몰고 다니기 전에는 급하게 약속을 잡거나 이동해야 할 경우에 모든 관심이 일정 하나로 몰렸다. 가는 시간, 코스, 돌아오는 대중교통 시간대를 생각해야 했다. 만약 일정이 여의치 않으면 약속을 미루거나 많은 시간을 할애하면서 약속을 처리해야 했다. 대중교통이 잘 갖춰져 있건 않건 어딜 가더라도 작은 결심이 필요했다.

그런데 자동차가 생긴 이후로는 그런 제약들이 상당히 많이 줄었다. 당장 가야 할 곳 또는 만나야 할 사람이 있으면 옷만 챙겨 입고 나서기만 하면 된다. 예전 같으면 망설이고 고민했을 시간에 이미 출발해 약속 상대를 만나고 돌아올 수도 있다. 자동차를 사서 좋았던 것은 내가 원하는 곳을, 만나고 싶은 사람을 조금 더 자유롭게 만날 수 있다는 점, 주도적으로 일정을 짜고 활동할 수 있다는 점이었다. 차가 없을 때보다 조금 더 행복한 느낌이 들었다.

이런 관점에서 본다면 행복이란 것도 주도성과 깊은 연관이 있다고 본다. 즉, 돈, 관계, 건강 등 생활 전반의 다양한 것들을 내가 원하는 방향으로 이끌고 가는 것이 곧 행복한 삶이라 할 수 있다. 아무리 좋은 집과 차를 가지고 있더라도 마음껏 쓸 수 없다면 큰 기쁨을 못 느끼는 것처럼 말이다. 악착같이 집을 사려는 것도 결국 거주에 대한 주도성, 자유를 누리기 위해서다. 직장을 다니고 진급을 하려는 것도 결국 조직 안에서 자신의 영향력과 주도성을 높이기 위한 과정일 것이다.

인터넷의 한 커뮤니티에 금수저가 부러운 이유를 다룬 게시물이 화제가 됐다. 금수저들이 부러운 이유가 비싼 명품을 걸치고 슈퍼

카를 모으기 때문이 아니라 언제든 새로운 시작을 할 수 있다는 점이라는 것이 핵심이었다. 결혼을 해서 아이도 있는 30대 중반의 가장일지라도 지금 당장 하고 싶은 공부가 있다면 아무 걱정 없이 해외로 떠나 대학원을 다닐 수 있는 여유, 자신의 배경을 바탕으로 경험하고 도전하고 싶은 분야로 부담 없이 뛰어들 수 있는 여유가 부럽다는 것이었다. 맞는 말 같다. 그리고 결국 모두 삶의 주도성에 관한 문제인 듯하다. 그렇다면 부자가 아닌 이상 그들을 부러워만 하고 있어야 할까?

금수저처럼 모든 것을 쉽게 뒤바꿀 수 있는 선택권은 쉽게 허락되지 않는다. 하지만 반드시 금수저만이 새로운 시작을 할 수 있는 것은 아니다. 금수저가 아니어도 얼마든지 자신이 원하는 목표를 향해 새로운 시작을 할 수 있다. 음악을 좋아했지만 현실의 벽 앞에 수긍하며 꿈을 접은 채 회사 생활만 하던 사람도 음반을 내고 무대에 설 수 있다. 그림을 그리는 게 취미라 멋진 갤러리에서 단 한 번이라도 전시를 해보고 싶은 주부도 그 바람을 이룰 수 있다. 지금껏 우리는 그러한 가능성을 만드는 법을 살펴봤다. 이를 통해 삶의 주도성을 1그램 더 키우고, 행복에 1센티미터 더 다가갈 수 있다. 완벽한 조건이 갖춰지지 않아도 시작할 수 있다는 것을, 그리고 그런 시작을 위한 방법을 지금까지 함께 살펴본 것이다.

내 삶에서 무언가를 하고 싶다는 마음이 피어오를 때 애써 외면

한 적이 있을 것이다. 지금 당장 할 수 있는 상황이 아니라고, 내가 해도 안 될 거라고 생각하며 마음속에 묻어두고 모른 체했다면 이제부터는 달라질 수 있다. 마음속에 피어나는 그 싹을 틔워보자.

머릿속으로 한번 그려보라. 누군가 값비싼 맥북을 들고 있다. 그 사람은 맥북에 달려 있는 액정 화면과 키보드만 보면서 단순히 글과 숫자만 입력할 수 있는 도구라고 생각하며 일기를 쓰거나 계산기로만 활용한다. 그런 광경을 옆에서 지켜보고 있으면 정말 안타깝다. 인터넷을 연결하고, 여러 프로그램을 설치하면 그보다 더 많은 것들을 할 수 있으니 말이다. 똑같은 맥북으로 누군가는 비즈니스를 하고, 미국에 있는 친구와 연락도 하고, 학교 수업을 듣기도 한다. 겉으로 보기엔 작은 화면과 자판밖에 없는 작은 맥북이 엄청난 기회와 가능성을 만드는 통로인 셈이다. 우리가 가진 애매한 재능도 그렇다. 그저 심심풀이로 여기던 취미, 관심, 재능이 자신이 그토록 원하던 꿈을 이뤄주는 강력한 도구다. 자신이 손에 쥐고 있는 무기가 매우 강력하다는 것을 다시 한 번 떠올리자. 그리고 지금 이 책장을 덮는 순간 바로 움직이자.

애매한 재능이 무기가 되는 순간

초판 1쇄 인쇄 2021년 7월 22일 | 초판 2쇄 발행 2021년 10월 15일

지은이 윤상훈

펴낸이 신광수
CS본부장 강윤구 | 출판개발실장 위귀영 | 출판영업실장 백주현 | 디자인실장 손현지 | 개발기획실장 김효정
단행본개발파트 권병규, 조문채, 정혜리
출판디자인팀 최진아, 당승근 | 저작권 김마이, 이아람
채널영업팀 이용복, 이강원, 김선영, 우광일, 강신구, 이유리, 정재욱, 박세화, 김종민, 이태영, 전지현
출판영업팀 박충열, 민현기, 정재성, 정슬기, 허성배, 정유, 설유상
개발기획팀 이병욱, 황선득, 홍주희, 강주영, 이기준, 정은정
CS지원팀 강승훈, 봉대중, 이주연, 이형배, 이은비, 전효정, 이우성

펴낸곳 (주)미래엔 | 등록 1950년 11월 1일(제16-67호)
주소 06532 서울시 서초구 신반포로 321
미래엔 고객센터 1800-8890
팩스 (02)541-8249 | 이메일 bookfolio@mirae-n.com
홈페이지 www.mirae-n.com

ISBN 979-11-6413-872-2 (03320)